JN058221

日高義樹
Yoshiki Hidaka

かや書房

まえがき

日本の菅義偉（すがよしひで）首相がいつまで政権の座にいられるのか、コロナウィルスの騒ぎを見るかぎり明確ではない。そこにオリンピックをめぐる騒ぎが加われば、どのような混乱が襲ってくるのか計り知れない。

しかしながら菅首相にとって、コロナウィルスやオリンピックよりもさらに重要で日本の命運に関わる問題は、アメリカのジョー・バイデン政権をどう取り扱い、日本の安全を守るかということだ。

ジョー・バイデンは長いあいだアメリカの政界を動き回ってはきたものの、政治的な業績というものはまったくない。失敗に終わったオバマ元政権の使い走りとして、中国やウクライナ、アフリカなどを駆け回ったという記録があるだけだ。

しかしながら強力になり続ける中国のすぐ近くにいる日本としては、ジョー・バイデン大統領と新しいアメリカの政権を日本の外交戦略に引き込み、日本の安全を図ることが最も大事になっている。

ジョー・バイデンは、贔屓(ひいき)にしているアメリカのマスコミですら「墓場から起き上がってきた」と揶揄(やゆ)しているほど実績が少なく、その結果、何を考えているのかまったくわからない。

バイデンに関する情報は極めて限られている。コロナウィルスの感染を恐れて、大統領選挙戦中も自宅に籠(こも)り切りきりだったという悪口が聞こえてくる程度だった。バイデンはアメリカのとる政策についてはまったくと言っていいほど発言していない。しかしながら日本はそういったジョー・バイデンを、どうすれば日本のためになるように動かすことができるのか考えなければならない。

いま日本が直面している危険は、コロナウィルスだけではない。総理大臣は国際戦略と外交についてまったく疎(うと)く、これまで日本の安全を助けてきたアメリカの新しい大統領も同じように、外交、軍事戦略について理解がなく関心も薄い。この危機的な状況のなかで、いかにして日本の安全を図ることができるのか、この本では具体的な問題にまで踏み込んで指摘したつもりである。

日高義樹

目次

編　　集／白石泰稔
装　　丁／明日修一
著者撮影／岩本幸太
カバー写真／産経新聞社

第一章

バイデンとの破局をいかに避けるか

二〇一四年四月、皇居外苑の斜め前にある私のマンションから満開の桜が見えていた頃、ワシントンからNBCの記者が二人やってきた。このとき私は日本に一時帰国中で安倍首相とも会うことになっており、NBCの記者たちは安倍首相が本当に憲法を改正するつもりなのかを取材するため来日していた。

このニ人のNBCの記者は、昔からの顔見知りであるが、私に会うなり聞いたのは、安倍首相が本当に憲法を改正するつもりになっているかどうか、ということだった。その質問に対して私はこう答えたことを覚えている。

「安倍首相という人は調子がいいから、いろんなことを言う。アベノミクスは経済の話で、あらゆる人に歓迎されることだから実際に日本経済を良くするために努力すると思う。しかし憲法改正や軍事力の強化については、半数近くの日本人が反対しており、ハラを立てる人もいる。したがって安倍首相は、憲法改正には手をつけないだろう」

結局、安倍首相はアベノミクスではほぼ成功を収めたが、憲法改正と再軍備については何もしなかった。あとになってNBCの記者たちが「ミスター・ヒダカの予想通りでしたね」と言ったが、トランプ大統領は安倍首相の言葉に乗せられて、東南アジアと太平洋の日米軍事同盟を実現させようと走り、安倍首相の名前を高めた。安倍首相はいわば言葉だけでトランプ大統領を動き回らせることに成功した、大いなるプロパガンディストだったと言えよう。

第一部　菅首相には外交能力があるのか

二〇二一年のアメリカは大変動のさなかにある。正月明け早々、ワシントンのアメリカ議会はトランプ支持者を名乗る暴徒のグループに襲われ、大混乱に陥った。暴徒を阻止しようとした警官隊とのあいだで銃撃戦が行われ、死亡者まで出た。

一方、ワシントンのはるか一〇〇〇マイル南、かつての南部諸州の首都があったジョージア州アトランタでは、アメリカの政治的大騒動の最後の決め手になる上院議員二人の補欠選挙が行われた。選挙は大接戦で結局、二人とも民主党が勝つという、予想外の事態になった。

このようにアメリカで歴史始まって以来とも言える大騒動が続いているなか、日本の菅首相は、戦後の歴代首相が行ってきた「アメリカ大統領のご機嫌うかがい」のためにアメリカ首都ワシントンに出向こうとした。

結局は、大騒ぎが起きているということだけでなく、コロナ禍で準備も整わないことから「ご機嫌うかがい」は事実上不可能であることが明らかになり、菅首相のジョー・バイデン詣では取りやめになってしまった。

この菅首相のバイデン詣ではキャンセルになって当然と言えば当然で、行われなかったこと自体には懸念すべきことは何もない。しかしながら問題は、バイデン詣でができなくなった理由について菅首相が、何の反省もしていないことである。

菅首相とその周辺は、致命的な間違いを犯すところだった。いまや世界は変わり、国際社会におけるアメリカの位置が大きく揺らいでいる。そうしたなかで、首相の座に就いたからといって、百年一日のごとく、アメリカの大統領に挨拶に出向くのは不必要であるだけでなく、有害だということにまったく気がついていない。

いまや一国の元首がワシントンに出向くのは、アメリカ大統領にただ挨拶に行くのではなく、然るべき理由があり、慎重な準備を整え、手順を踏んで実施するべき行為なのである。この点について言えば、菅首相は大きな失敗を犯した。

第一に、ジョー・バイデン新大統領は、世界のことは関わりがない、という基本的な姿勢を通して大統領に当選した。そしてバイデンに投票した七千数百万のアメリカの人たちも、世界のことなどどうでもよいと思っている。

二〇二〇年の大統領選挙で、ジョー・バイデンをホワイトハウスに押し込むのに最も強い力となったアメリカの大学卒の独身女性と、アフリカ系アメリカ人の女性たちは、自分たちのアメリカにおける立場や生活をすべてバイデンに賭けている。

ホワイトハウスに入って間（ま）もないバイデンはとりもなおさず、そういった支持勢力を満足させなければならない。日本の菅首相に会うなどということは、その任務には関わりがないことなのである。

そして、もう一つ大事なことがある。国際社会において菅首相はまったく無名で、いったい何者なのか、バイデンだけではなく、ワシントンの政治家や官僚、そしてマスコミも知らないのである。

菅首相が就任して間もなく、私の長年の知り合いでバイデン陣営とも関係があるウォール街のアナリストから、一通のEメールを受け取った。そこには、こう書かれていた。

「日本の菅首相というのはいったい何者なのか。何をしてきたのか。どう評価したらいいのだろう」

私はこの問いに、こう答えた。

「菅首相は安倍前首相の秘書官を長いあいだ務め、安倍首相の行動を見つめてきた。しかしながら、実際の業績はほとんど何もない。秘書的な役目を果たしてきただけだ。そして、もう一つ注目すべきことがある。

アメリカでも同じであるが、政治家は各種委員会の委員長となり、経済界の指導者たちと付き合いを深め、利害を共にする。菅首相にはそういった経験がまったくないので、財界に人脈がない。さらに注目すべきは、菅首相は長いあいだ日本最大の貿易基地である横浜の政治選挙地区で、後に通産大臣になった小此木彦三郎代議士の秘書を十一年も務めたので、港湾業者や、いわばヤクザとの関係が強いと言われている」

すると彼からこういう返事が来た。

「よくわかった。我々が国務省、ＣＩＡ、それに一般から集めている情報のよい裏づけになる。大変ありがとう」

こういうやりとりを敢えて私がここで記したのは、菅首相はアメリカで、そしてとくにバイデンの周辺ではまったく知られていない政治家であることを指摘するためである。

菅首相が日本の最高責任者としてなすべきことは他にあったはずである。ジョー・バイデンという中国寄りのアメリカの政治家が大統領になり、国を動かし始めたときに、日本の立場と日米関係を良くするために何をするべきか、効果的な手立てを真剣に考えるべきであった。それは、これまでの平穏な日米関係のあいだに繰り返されてきた「ワシントン参り」や、「大統領のご機嫌うかがい」ではない。その点では菅首相の先輩である安倍首相は極めてうまく立ち回り、トランプ大統領を動かすことに成功した。

私のいるハドソン研究所の創設者ハーマン・カーン博士は「考えられないことを考えよ」と人々に説いたが、この言葉に因(ちな)んで毎年、斬新で冒険的な計画を考え出した人々に「ハーマン・カーン賞」を与えている。

ハドソン研究所は二〇一三年にこの賞を安倍首相に贈呈したが、それは安倍首相の「アベノミクス」と「三つの矢」、そして日本の憲法を改正するという提案に注目したからである。

安倍首相は二〇一六年、ドナルド・トランプが大統領選挙に勝った直後、ニューヨークを訪れて会談したが、トランプは安倍首相の「憲法を改正し、軍事体制を強化する」という考えに感激した。

トランプ大統領は、中国が国際社会を混乱させ、非人道的な共産主義体制に基づいて世界を侵略しようとしていると考え、厳しい関税政策をとると同時に、強力な軍事力によって中国と敵対する基本政策を打ち出していた。

安倍首相の唱えるアベノミクスと憲法改正は、トランプ大統領からすれば自らの政策を実行するための大いなる援軍と言うことができた。日本企業もこの動きに参加して莫大な経費を負担し、安倍・トランプ体制を側面から推し進めることになった。

結果的に見ると安倍首相は憲法を改正せず、軍事費を増やしはしたが、強力な軍事体制を実現することはできなかった。ところが国際社会においては、こういった大風呂敷を広げることが強力な政治力になることが多い。それを実行した安倍首相は国際的な大政治家であるという評価もある。

トランプ大統領は安倍首相の大風呂敷をそのまま受け入れ、アジア太平洋における日米協力体制を確立した。菅首相がいま行わなければならないのは、まさに安倍首相の業績を継ぐことである。

しかも事態は安倍首相のときよりもはるかに難しくなっており、協力すべき相手のジョー・バイデンは中国のほうを向いている。しかしながらそういった困難な状況のなかで、世界を動かし、国を安全にするというのが政治家の仕事である。

菅首相が成すべきは、中国側に向いているバイデンを揺り動かし、新しい安全なアジア太平洋地域の環境をつくりあげるために日本と強い協力体制をつくるべきだと説得することである。

世界もアメリカも大変動の時代に入っている。百年一日のごとき「ワシントン参り」「大統領のご機嫌うかがい」などやっているときではない。いまワシントンに手ぶらのまま、しかも無名の菅首相が会いに行くことは、日本の立場を著しく弱めてしまう。

菅首相がいまワシントンを訪問したところで、歴史的な大混乱に陥っているアメリカを日本側に引き寄せることは到底できない。菅首相がやろうとしている「ご挨拶」外交は、大いなる混迷の時代にあっては日本の立場を危うくするだけのものである。

第二部　いかに日米軍事同盟を強化するか

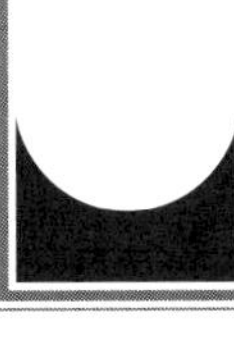

新しく登場したアメリカの大統領ジョー・バイデンは自らの政策を実行するために、新しい戦略とその資金を必要としている。このため世界各国の同盟諸国に支援を求めているが、こうした姿勢はこれまでのアメリカでは見られなかったものである。国際社会が変わり、アメリカの相対的な地位が低下するとともに、必然的にできあがった新しいアメリカ

の環境と言える。

アメリカは冷戦以来、強い力によって世界を動かしてきた。しかし、いまやその覇権に陰りが見え、世界の国々の協力を得て、世界の安全と成長を図らなければならなくなっている。そうしたアメリカ、つまりジョー・バイデンの必要としている国際社会の協力というのは、大きく言って三つある。

その第一は、これまでアメリカがほぼ独占し、ソビエト、その後身（こうしん）のロシアと対抗するかたちで世界を安定させてきた核戦力体制を維持するための、同盟各国の協力である。

そして二番目に必要としているのは、自らの国内体制を強化するための世界各国からの協力である。アメリカはジョー・バイデン時代に至って、政治体制を強化するために外国の協力を必要とするようになった。世界における新しい変化だ。

三番目は対中国政策についての協力である。とくにこの問題は、バイデン政権にとって重大な要件となっている。

これまでも述べたように、ジョー・バイデンは中国寄りの政治家だと見なされている。事実、賄賂を受け取ったりして、親しい関係を維持してきた。しかしながらアメリカ国内で彼が要求されているのは、中国と対決することであり、とくに大統領として守らなければばならないレッドラインになっている。このためにジョー・バイデンは、中国と厳しく対立するための友人を必要としている。

いま述べた三つについては、このあと詳しく述べるが、国際的に無名でアメリカにも知られていない日本の菅首相が、有利な立場を確立するためには、是非実行しなければならない重要な要件となる。残念ながらこの問題について、菅首相とその周辺が真剣に考えているという情報はない。いずれにしても、この三つはすべて菅首相にとっては極めて難しい要件である。

その第一、核戦力の問題である。これまでアメリカとソビエト、その後はロシアとのあいだで取り決められた核兵器制限条約ＳＴＡＲＴⅠおよびＳＴＡＲＴⅡが期限切れになり、新たな核兵器開発と配備の競争が始まろうとしている。そしてこの競争には新しい核戦争の当事者として、中国が加わろうとしている。

アメリカ国防総省の発表によると、中国はほぼ三〇〇基の核兵器を保有している。アメリカとロシアのほぼ六分の一の核戦力を持っていることになる。今後、新しい核兵器制限協定のなかで、アメリカとロシアが核兵器を削減し、中国と同列になることは不可能ということになれば、新しい総合的な核兵器制限交渉のなかでは、中国の核戦力を大幅に増やすことを認めなくてはならなくなってくる。

この中国の核兵器問題を含めて、世界はいまや核兵器の一大増強時代に入ろうとしているが、そこには二つの重要な中身がある。

一つは、新しい攻撃用核兵器を増強、拡充することである。核戦力が核兵器の数の増強と同時に能力も強大になる。そして、その基本は潜水艦のミサイルと、地上に設置されたミサイル、それに戦略爆撃機が搭載する核兵器――いわゆる三本の足、「トライアッド」と呼ばれる核戦略で、新しく中国がそのなかに入ってくるのを阻止することはほとんど不可能となっている。つまり、世界のトライアッド保有国はこれまではアメリカとロシアの二つであったのが、中国を加えて三つになる。

そして二つ目、核兵器の能力の向上と核爆弾の保有数の増大に並行して、防御の戦力も急速に強化されることになる。そのミサイル防衛網というのは、飛んでくる敵のミサイルを撃ち落とす防御用ミサイル、飛んでくるミサイルを探知するレーダー網が中心になっている。

アメリカは、こういった核兵器や防御装置を増強するだけで今後、毎年四〇〇〇億ドル以上の費用を必要としている。これはアメリカ国防費全体、七〇〇〇億ドルの六〇パーセント近くにあたり、豊かなアメリカにとっても負担するのが非常に難しい。アメリカ議会予算局は、アメリカだけでは負担できないという報告を出している。とくに新大統領バイデンにとっては、投票した人たちが望んでいる「暮らしを豊かにする」という方向とは、まったく逆の支出になる。

アメリカは世界一強力な軍事国家であり、豊かな天然資源を有している。このアメリカをさらに強くして、世界と新しい同盟体制をつくろうと主張してきたトランプが失脚してしまった。そしてそのあと登場したジョー・バイデンは、正月早々テレビを通じて次のように述べた。

「世界各国との同盟体制を強化し、世界を安定させたい」

このバイデンの発言について説明をする材料は、まったくと言っていいほどない。それもそのはずである。当時、バイデン政権は成立に至っておらず、バイデンが何をしようとしているか戦略的な説明ができるスタッフも存在していなかった。

しかしながら、アメリカの新しい安全保障体制について懸念しているアメリカ空軍の支援団体であるエアフォース・アソシエーションＡＦＡの会長であるブルース・ライト将軍は正月過ぎ、Ｅメールでメッセージを私に送ってきた。

「いま我々は中国の脅威にさらされている。どのような努力をしてでも新しい核兵器体制を確立しなければならない」

エアフォース・アソシエーションの会員は、基本的にはアメリカ空軍の退役将校や下士官が中心であるが、私は長年にわたってアメリカ国防総省詰めの記者団の一員として、ペンタゴン内の記者室の一角に机をもらって仕事をしてきたこともあって、名誉会員ともいうべきかたちで加わっている。

ＡＦＡ会長からのメールが明らかにしているのは、核戦力の強化についてアメリカが同盟国との協力体制を望んでいることである。菅首相が新しい同盟体制の責任者として協力することは、その立場を強化することにもつながっている。

これはある意味で言うと、かつて安倍前首相がドナルド・トランプに対して行った憲法改正と軍事力強化の申し出と同じ効果を持つことになる。

バイデンが必要としている協力の二つ目は、バイデンの国内的な立場を助ける財政的な支援である。バイデンをホワイトハウスに入れるために力のあったのはアフリカ系の女性たち、ミレニアム世代の若い女性、さらには大学出の独身女性である。そうした女性たちが望んでいるのは、自分たちや今後生まれてくる子供たちの教育を強化すること、そして女性の地位を向上させることである。

そのためにバイデンがアメリカの同盟国に求めているのは、ハーバードやイエール、デューク、コーネルなど、これまで男性に有利な教育をしてきた幾つかの大学に女性のための奨学金をはじめ基金を創設することである。

これまでも日本の代表的な企業は、産学協力体制の一環として、アメリカの大学にさまざまな基金を創設したり奨学金を与えたりしてきたが、バイデンは同盟国の政府にさらなる教育のための基金を求めているのである。

こうした大学や教育機関に対する寄付、援助は、これまではアメリカが貧しい国に与えてきたものである。ところが、そうした国際的な経緯を飛び越えてバイデンは、世界の国々からの援助を求めている。

そしてバイデンが同盟国に求めている三つめは、国内政治的に中国と対決する際の協力である。日本の菅首相がバイデンの政治的な立場を助けるためにできるのは、日本国内の中国寄りの政治勢力を切ることである。つまり二階俊博幹事長など中国寄りの政治家たちを更迭、引退させて、アメリカ寄りの姿勢をはっきりさせることである。

同盟国である日本の菅首相が中国との関係を切り捨てるという政策をとれば、政治的に見てバイデンは、これまでの行きがかりを捨て、アメリカ議会をはじめ保守勢力が要求している対中国強硬政策をとりやすくなる。

何度も述べたように、バイデンが中国寄りの政治家であることはよく知られているが、いまや大統領という国家の責任者として要求されているのは、非人道的な中国共産主義と対立することであり、WTO（世界貿易機関）などでは見過ごされている中国の不法な経済政策に対して断固とした措置をとることである。

すでにドイツやイギリスはそういった対中国強硬策をとっているが、菅首相もそういった流れに加わるべきである。そのことが、菅首相と日本の世界における立場を強化することになる。

これまで私が述べてきた三つの大きな要件は、実行するのが著しく難しい問題でもある。しかしながら安倍首相が成し遂げた成功を見ると、国際的な政治家になるためには、いかに難しくとも踏み出さなければならない道であり、挑戦しなければならない大きな賭けである。

第三部　アメリカの「核の傘」は信用できない

バイデンが同盟国である日本に求めている協力は、「核の傘」に対するそれ相応の負担である。太平洋戦争以降、アメリカは「核の傘」による安全保障体制を同盟国に無料で与えてきた。ところが今度の大統領選挙の結果は、アメリカ国民がそういった負担を背負いたくないという決意の表明であった。

すでに述べたようにバイデンを選んだ人々は、外国を助けるよりも自分たちを助けることを要求している。この考え方は一九六〇年の大統領選挙でジョン・F・ケネディと彼を支持したアメリカの人々の考え方と真っ向から対立する。

ケネディ大統領の就任式が行われた一九六一年一月二十日は、零下一六度という寒さで地面は前日に降った一五センチの雪で覆われていた。この日、ワシントンの市街を見下ろすアメリカ議会のテラスでケネディ大統領が行った演説のレコードを私は持っている。

「国があなたに何をしてくれるかではなく、あなたが国のために何ができるかを問おうではないか」

これは人々に感銘を与えた有名な一節だが、ケネディ大統領は、さらに「自由が最大の危機に晒（さら）されているときに自由を守る役割を与えられた世代はごく少ない」と語りかけ、その言葉通り、自由を守るために核戦力の強化をはじめ、ソビエトとの対決姿勢を明確にしたのであった。

第二次大戦後、アメリカの強力な核戦力は「核の傘」と呼ばれ、同盟国の安全を維持してきたが、ケネディと同じ民主党のバイデンが行おうとしているのは、まさにその反対のことである。

バイデンがいま日本に求めているのは、日本に費用を負担させてアメリカの軍事力を提供する安全保障体制である。これは、日本にとって極めて複雑な問題を提起することになる。

アメリカが提供している「核の傘」に対して、日本がそれ相応の負担をすることは、ある意味で当たり前である。つまりアメリカが日本に対して無料の「核の傘」を提供し続けてきた理由は、ただ一つ、アメリカ人がそう決意したからである。

ところがそのアメリカ人の決意が消滅したため、日本はアメリカに資金を提供して「核の傘」に入り、安全を守ってもらう体制を考えなければならなくなった。だがそうした体制を構築するには、菅首相やその周辺の官僚たちの能力では処理しきれない多くの問題がある。

最も大きな問題は、日本がアメリカに提供する資金の見返りとして「核兵器のボタンを実際に押す権限を持つことができるのか」である。この問題は、歴史的にも前例がある。アメリカは第二次大戦後、イギリスやフランスにも「核の傘」を提供したが、その核兵器のボタンをどういう形で誰が持つかという問題が直ちに発生した。

これはイギリスとフランスが敗戦国ではなく、アメリカと同等な同盟国であるという状況から生じてきたもので、当然発生する重要な問題であった。つまり核兵器という恐るべき兵器を使う際の発射ボタンを、アメリカだけに独占させておいて良いのかという問題であった。

イギリスはこの問題についてアメリカとのあいだに合同委員会を設置し、核の攻撃目標を設定するところから実際に発射ボタンを押すところまで、両国の共同した意思が必要であるという取り決めを行うことになったが、イギリス側はそれでも納得しなかった。

イギリスは核兵器を開発し、独自の核体制を持つことを主張したが、結局、ある種の妥協が成立した。取り決めの詳細は秘密にされたままであったが、その後イギリスは独自の核ミサイル潜水艦を開発、建造し、そこに搭載する核兵器をアメリカから借り受けることになった。そして基本的には両国の合意のもとで核兵器が発射されることになり、イギリスは独自の核兵器体制を保有するのと同じ立場になったのである。

フランスの場合は、やや事情を異にしていた。アメリカとイギリスは同一民族で、関係は極めて密接だが、フランスはそうではない。このことに思いを致したドゴールは、フランスの安全を外国に依存するべきではないと考え、独自の核戦略を確立した。

それから七十年近く経ち、いま日本が同じような立場に立とうとしている。アメリカの核戦略に対して経済的な負担を求められる以上、実際に核兵器の発射ボタンを押す権限を持たなければ、国民は納得しないと思われる。

ヨーロッパで核兵器をめぐる独立性について話し合いがあってから数十年、ようやくアジアで日本とアメリカが核の発射ボタンを共同で保有するかどうか話し合い、取り決めをしなければならなくなった。

二〇二〇年の大統領選挙の結果、アメリカ国民が世界のことには関わりたくないという決意を明らかにした結果、日本はアメリカの「核の傘」に対して経済的な負担をすると同時に、核の発射ボタンに手を置く権限を持つ立場に立ったのである。

この問題は容易には方がつくまいと思われる。アメリカからすれば、アメリカの「核の傘」というのは、長いあいだアメリカが莫大な費用をかけて開発した軍事技術の結集なのである。日本が経済的な負担をするからといって簡単に核兵器の発射装置に手を置かせるわけにはいかないという声が出てくるのは避けられない。

事態をさらに複雑にするのは、いまや核戦略というのは、攻撃用核兵器だけで成り立っているわけではないことだ。敵の核防御態勢をかいくぐって、敵の心臓部を破壊するという難しい戦いを含んでいる。発射ボタンを押して発射するだけではないのである。

たとえば今アメリカが、莫大な経費を必要としているミサイルシステムのなかで重要な部分は、ミサイルに対して反撃をしてくる敵の核ミサイルを攻撃破壊する技術、兵器である。

アメリカがこれから力を入れようとしている兵器システムは二つある。一つは宇宙に打ち上げられた衛星に搭載する兵器である。これは電波探査装置の一種だが、極めて複雑な仕組みから成る探査システムである。

アメリカはすでに同種の衛星を六基打ち上げており、ロシアからの攻撃に備えているが、今後新しくつくる必要があるのは中国に対する探査衛星システムである。このシステムをつくるにあたってアメリカ側は日本の協力を求めており、とくにバイデン政権は日本側の負担を強く求めてくる。

さらに重要な兵器は、地上に設置された防衛システムである。長距離邀撃(ようげき)ミサイルによって飛来する敵のミサイルを地上からの攻撃で撃ち落とす。これまで想定されていたのはすべてがロシアからのミサイル攻撃で、邀撃ミサイルシステムはアラスカ沿岸に設置され、北極圏を越えてくるロシアのミサイルを撃ち落とすことになっていた。

今後は中国の大陸間弾道ミサイル弾がアメリカ本土を狙うことになるが、そのすべてはロシアの大陸弾道弾と同じように北極圏を越えてアメリカを攻撃してくる。大陸間弾道ミサイルというのは、ジャイロとスピードメータを組み合わせた方向指示装置を内蔵しており、地球上のどこから打ち上げられても、とりあえずは北極点の上空に達して、そこから目標を攻撃する。

こうしたシステムをすべてひっくるめて、ミサイルおよび邀撃システムと呼ばれているが、アメリカのそういったシステムはアメリカ本土を防衛するもので、日本を守るものではない。日本が経済的に協力したからといって日本の安全が高まるわけではない。そういった状況のもとで、当然起きてくるのは、数十年前、ヨーロッパで起きたのと同じことである。

日本は結局のところ独自の核ミサイル体制を持ち、国の安全を守らなくてはならなくなる。そういった状況のもとで当然のことながら生じてくる問題は、日米軍事同盟の根本的な変革である。これは安倍首相がトランプ大統領を巻き込んでつくりあげた軍事同盟とは構造的に異なっている。

アメリカ国民が世界のことを考えなくなるなかで、日本がアメリカの「核の傘」に経済的な援助を行って安全保障体制をつくるということが何を意味するのか、根本的に考えなくてはならなくなっている。しかも、菅首相とその周辺にはそれを考え、行うための能力がないという、恐るべき事態なのである。

この問題については日本と菅首相とだけでなく、ジョー・バイデン側にも基本的な欠陥がある。アメリカのことを考えるだけでよいという戦略のもとでアメリカの安全が保たれるわけはないという状況を、バイデンは理解できないでいる。

同盟国の援助と協力によって新しいアメリカの安全保障体制をつくるというバイデン政権の政策は、抜本的に考え直さなければならない重大な問題を抱えているが、そのことをバイデン側は正確に理解していないという恐ろしい状況なのである。

第四部　バイデンには軍事戦略がない

日本の菅政権が日米軍事同盟の相手としていまや交渉を始めなければならないバイデン政権というのは、恐ろしく混乱した状況にある。そのことを正しく理解していないと、日本の立場が重大な危険に晒される。

アメリカの政権移行の業務を取り扱う連邦調達局ＧＳＡの資料によると、バイデンがペンタゴンの権力移行を担当する責任者として実に二〇人以上という大きなグループを指名していることが明らかになった。

国防総省側は大人数による移行業務が混乱することを懸念しているが、それ以前に業務移行についての話し合いをストップしたことがある。その理由は、国家機密がバイデン周辺から中国に漏れるのを懸念したからだといわれている。

国防総省が懸念している、もう一つの大きな問題がある。移行を引き受けるバイデン側の担当者たちがあまりにも種々雑多で、相手にするのが非常に難しいことである。

バイデン側の国防総省についての権力移行チームは、ワシントンの戦略国際問題研究所ＣＳＩＳの上級副所長で、バイデンに次期国防副長官に指名されたキャサリン・ヒックスに率いられている。

このバイデングループの構成を見ると、二〇人以上の大人数であることに合わせて、オバマ政権時代にアメリカの国防政策を混乱させた官僚たちが大勢混じっている。そうした官僚のほかにイリノイ州の会計担当者や、ワシントン州シアトルの公安担当者、さらには金融機関のＪＰモルガンチェイスの幹部といった、種々雑多な人々が加わっている。

グループには当然のことにＣＳＩＳ、さらにシンクタンクのランド・コーポレーション、フロリダ大学教授などがおり、まさにバイデンが主張している「オール・アメリカン」、アメリカのあらゆる階層と地域の人々を擁している。しかしながらこういった人々がアメリカ国防のための第一線である国防総省の権力移行の当事者に相応しいかどうかは極めて疑わしい。

バイデン政権の国防担当グループが行わなければならないのは、すでに見てきたように、核戦力の新たな構築である。そのためには新しい技術を開発しなければならないが、最も重要なのは、その経費をいかにして確保するかという問題だ。

アメリカの国防予算が伸び悩み、四兆ドルあまりの総予算の十数パーセント、七二〇〇〜七三〇〇億ドルしかない現状のもとで、どうやりくりするのか、難しい情勢に追い詰められている。このためＳＴＡＲＴⅡの期限切れで、ロシアとのあいだで新しい核ミサイル開発競争を始めなくてはならないのは危機的な状況と言える。

すでに触れたようにアメリカは、最先端の技術によるミサイル防衛システムを開発するだけでなく、これまでの常識を超えたスピードを出す超高速ミサイルの開発にも力を入れなければならない。このミサイルはジェット推進式ではなく、ミサイル軌道を滑るかたちで航行する。

こういった難しい問題を抱えている国防総省の権力移行グループに、シアトルの公安担当者やイリノイの会計担当者が顔を揃えているというのは、いかにも常識外れで異常とも言える。

バイデン政権はオバマ政権が失敗し、そのあとトランプ政権が修正したいくつかの難しい軍事政策をさらに改善し、推し進める必要に迫られている。とくに中東では、トランプ大統領が権力を行使して軍部の反対を抑え込み、戦争を終わらせる準備を進めたが、アメリカ軍を引き上げるまでには至っていない。

バイデン政権が今後行わなくてはならないのは、アフガニスタン、イラク、シリアからアメリカ軍を撤退させ、アメリカの歴史上最も長引いた戦争になっている中東の戦争を終わらせなければならないことだ。

中東戦争を終わらせるにあたっては、それに関連してバーレーンやサウジアラビアに展開させているアメリカ軍を引き揚げる必要がある。さらにアフリカの難しい地域に送り込んでいる特殊部隊をも引き揚げなければならない。アメリカ軍の特殊部隊や陸軍部隊は一カ所に一〇〇〇人を超える規模のものもあり、引き揚げるには膨大な費用がかかる。

雑多な二〇人以上の大集団による権力移行グループはこの仕事を成し遂げることができるのであろうか。「船頭多くして船山に上る」という格言は、日本だけではない。アメリカにも「コックが多いとスープがダメになる」という言葉がある。バイデンのペンタゴンの権力移行チームはまさに船頭やコックが多すぎる。

アジア極東についてはすでに述べたように、トランプ大統領と安倍首相の協力によってかなり整理され統合が行われたが、基本的な誤りは訂正されていない。オバマ政権はアジアの再転回を主張して、アメリカの海兵隊を沖縄からオーストラリアへ移した。戦略的に見ればまったく意味のない、無駄な動きであった。

日本について言えば、横田基地をほとんどカラのまま維持し、日本との関係を悪化させただけにとどまっている。そのうえ日本の西の果てにある岩国基地（山口県）を強化したものの、アメリカ第七艦隊の基地は横須賀である。横須賀に入ってくるアメリカ空母の艦載機をわざわざ日本の西の果てに飛ばせるわけにはいかず、厚木基地をそのまま使うという混乱ぶりである。

空軍作戦の総司令部は、東京郊外の府中と沖縄の嘉手納に分かれている。しかも戦闘体制を見ると、韓国に駐留している第七空軍が独立し、太平洋軍が直轄しているのはフィリピンを中心とする第一三空軍である。

こういった状況はアメリカ軍が官僚体制のもとで複雑な組織化を強いられているせいであるが、バイデン政権のもとでは、さらにこの状況が悪化するものと思われる。オバマ政権の官僚たちが大勢、戻ってくるからである。

国防総省に関連するもう一つの問題はバイデンが、国防長官にかつて中東の中央軍司令官であったロイド・オースティン陸軍大将を指名したことである。オースティン大将が退役したのは四年前で、退役後七年以内には国防長官には就任できないという規定に完全に違反している。

アメリカ国防総省という軍事機構を総括的に統括するためには、軍を七年以上離れた民間人でなければならないという基本的なルールがあるのだ。このことはバイデンが国防総省とアメリカ軍というものをまったく理解していないことを示している。

オースティン大将のもう一つの問題は、アメリカの中東作戦の失敗の責任者であったことである。イラク戦争で始まった中東の戦争はバグダッドを陥落させた後は、失敗の連続だった。

二〇〇三年三月二十日、マティス中将に率いられたアメリカ海兵隊第一師団はイラクに対する攻撃を開始し、一カ月足らずでチグリス・ユーフラテス河を渡り、イラクの首都バグダッドを占領した。ブッシュ大統領は五月一日、太平洋上にいた空母「エイブラハム・リンカーン」の艦上で戦闘終結宣言を行い、逃亡したサダム・フセインは捕らえられ、投獄され死亡した。イラク戦争は、軍事的なショーとしては成功したものの、イラクの精鋭部隊のほとんどは砂漠地帯や周辺の国に逃げ込み、やがてＩＳＩＳというテロ国家をつくり、アメリカ軍に対する戦いを挑んだ。そのうえシリアでの戦争も勃発してしまった。

アメリカ中央軍のもと、中東での戦いは作戦的に見れば大失敗であった。その責任者を国防長官に指名したのである。それ以上に問題なのは、トランプ大統領の命令に反抗し、中東のアメリカ軍引き上げを遅らせてきたのがアメリカ中央軍の幹部であることだ。そのいわば頭目とも言えるオースティン大将を新しい国防長官にしたのでは、中東戦争の整理が進むはずがない。

バイデン政権は旧オバマ政権の延長で、失敗した官僚たちによって成り立っている。このことは、バイデン政権の軍事戦略の失敗、その延長線上にある核戦略の失敗を予想させる。今後、中国が核戦力を強化するとともに、世界各地に核戦争の脅威が迫ってくる。

アメリカの人々はアメリカの軍事戦略についてもう一度はっきりと整理しなくてはならない立場に追い込まれている。太平洋戦争は、非人道的な核兵器を一方的に日本に使って勝利を得た。つまり作戦上の勝利ではなかった。そのあとの冷戦は、勝利が得られないままソビエト連邦が自滅するかたちで終わった。

アメリカは、ベトナム戦争で負け、朝鮮戦争でも決定的な勝利を得ることができなかった。それ以前を言えば、中国の革命にうまく対処できず、非民主的な中国共産党体制を強化させてしまった。その結果が現在の世界の状況である。

アメリカがいま直面している重大な問題は、絶対的に有利な立場を保持していたはずの核戦力に陰りが出ていること、最新技術の開発で優位を維持することが難しくなっていることである。しかしジョー・バイデンを大統領に選んだことによって、その重大問題の解決を期待できない状況に追い込まれている。

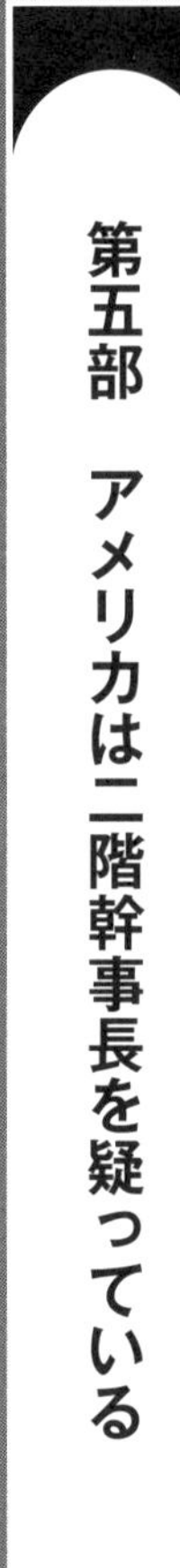

第五部　アメリカは二階幹事長を疑っている

アメリカのＣＩＡをはじめ情報および諜報関係者が相次いで「中国は敵である」と発言している。二〇二〇年十一月十日、大統領選挙のあとでＣＩＡの首脳が記者会見し、次のように述べた。

「中国はアメリカの敵であり、アメリカの安全を脅かしている」

これまでも「中国は敵性国家である」とか「アメリカのためにはならない」といった発言が聞かれていたが、ＣＩＡの担当者がはっきりと「敵である」と述べたのは初めてのことで、人々にショックを与えた。

そうした状況にあるアメリカで、日本の対中国政策、多数の政治家の中国寄りの姿勢に対する懸念の声が出始めている。かなり前のことだが、私の長年の友人であるトム・デュスターバーグ元商務次官補が、ワシントンのホワイトハウスの前にあるヘイ・アダムスホテルの食堂で昼食をとりながら、こう言ったことがあった。

「これから日本を訪問し、日本政府があまり中国寄りにならないようハッパをかけてくる」

デュスターバーグ元商務次官補は、父親のほうのブッシュ大統領の選挙参謀を務め、アメリカの政界にも深く食い入っている。全米製造業協会の会長を務めたあと、ハドソン研究所に戻ってきた。もっとも十数年前は、ハドソン研究所のワシントン所長であった。当時ハドソン研究所の本拠地はインディアナ州の州都インディアナポリスにあり、その後ワシントンに移ってきている。

トム・デュスターバーグ元商務次官補が日本政府に「中国寄りにならないようハッパをかける」と言ったことには意味がある。日本で産業界が中心となって中国寄りの活動を強化していることはワシントンでもよく知られているが、歴史的に見て中国贔屓の政治家が主力だとは思われていなかった。しかしながらアメリカは、日本の政治家が中国に対して毅然とした姿勢をとることを望んでいたのである。

こうしたトム・デュスターバーグの考え方は、政治の主義・主張は異なってはいるが、トランプ大統領と共通している。基本的には中国共産主義体制は間違っていると考えているのである。

私がわざわざこの話を持ち出したのは、アメリカ国内には日本以上に中国派と目される人が多く、そういった人たちは、実際には日本の政治家よりも中国を向き、中国との商売を推し進めているからである。そうしたなかで、冗談めかした言い方にしろ「日本政府を動かしてくる」という彼の言葉には隠された意味があった。

トランプ大統領のもとでアメリカが中国との対立を深めるとともに、景気が上昇した。これは、元商務次官補であった彼からすると歓迎すべき変化であった。この動きを拡大するために日本を訪問し、日本政府を中国離れさせると言ったのであった。いまやアメリカでは、そういった動きがさらに活発になっている。アメリカ国民の多くが「中国は敵である」と考えるようになっている。

二〇二〇年の秋、まだ大統領選挙が行われる前、私の友人でもあるハドソン研究所のケネス・ワインスタイン所長が、トランプ大統領から駐日大使に任命され、議会からも承認された。

ケン・ワインスタインは、予定では十一月の終わりには東京に着任するはずだった。だが、彼を任命したトランプ大統領が落選したために、大使として着任することはなかったものの、議会の承認を受けたあと、私に一通のEメールを送ってよこした。そのなかで彼は、こう言っていた。

「日本の政治情勢がどうなっているのか、東京に着任したら話を聞かせてほしい」

このほかいくつかのことが書かれていたが、私は次のような返信をした。

「日本では財界人が先頭となって中国寄りの姿勢を強めている。そうしたなかで政治家としては二階幹事長が最も中国寄りで、菅総理大臣に強い影響を与えている」

これに対してケン・ワインスタインは、次のように言ってきた。

「実際に二階幹事長に会って、何を考えているか知りたいと思う」

このほかにもいくつかの問題が記されていたが、アメリカでも中国寄りの二階幹事長が菅首相に強い影響力を与えていることが、注目を集めているようだった。

ワシントンでも知れ渡っていることであるが、菅首相は自らの派閥を持っておらず、二階幹事長の強力な後押しによって党内の勢力を集め、総理に就任した。このため菅首相がとくに強い中国コネクションを持っているとは考えられておらず、二階幹事長が中国とのあいだを取り持っていると受け取られている。

こうした日本の指導者や政治家と中国の関係は微妙なもので、これまではアメリカが積極的に介入する問題ではないと考えられてきた。二階幹事長との関係がなければ、菅首相は中国に対して特別な関係を持たないと思われている。アメリカ国内では菅首相をアメリカの陣営に引き留めておくためには、二階幹事長をあまり強く非難するのは得策ではないという声も強かった。

日本大使に就任するはずのケン・ワインスタインはこのあたりをうまく処理して、できれば中国寄りの二階幹事長を菅側近という立場から遠ざけてしまうことが得策だと考えているようであった。

その考え方が、私に対して「何とかしてみよう」というひと言で終わってしまった。そのあと十一月三日には、トランプ大統領が再選に失敗し、ケン・ワインスタインは大使として日本にやってくることはなかった。

しかしながらはっきりしているのは、菅首相が政権を長期に保つためにアメリカとの関係を強化しようとするのであれば、二階幹事長を切るという行動がもっとも効果的であると思われる。すでに述べたようにバイデンも国民の声を背に受け、中国に対する強硬策をとらなければならず、同盟国の協力を求めている。

二階幹事長を退けて菅が首相であり続けることができるかどうかは当然、次の選挙の結果次第ということになる。しかしながらそれができれば、アメリカの支持を取りつけることになるのは間違いがない。

我が国において社会主義的な野党各党が多数をとれないのは、中国やロシアに近い姿勢をとり続けているからだ。つまり日本国民の多数が、共産主義の中国よりも民主主義のアメリカが重要であると考えている。経済的観点から中国が大切だと思っている財界人とは微妙に位置がずれている。

いま菅首相がやるべきは、アメリカ側と共通の政治的な立場を強化し、国民の多数を安心させることである。日本国内の政治情勢から見て、菅首相が二階幹事長を切れないとなれば、日本の首相としてふさわしいかどうか、強い疑問をアメリカの人々に持たせてしまう。

政治家が考えなければならないのは国家としての在り方と、安全保障である。経済はそのための、一つのつっかえ棒と言うことができる。菅首相が選挙に勝って政権を維持しようと望むのであれば、二階幹事長を切ることによって政治的な立場を明確にする必要がある。

私が触れた二人のアメリカの友人、元商務次官補のトム・デュスターバーグ、そしてハドソン研究所所長だったケン・ワインスタインは、トランプ大統領の友人でもなければ強い支持者だというわけでもない。

トム・デュスターバーグは、ブッシュ大統領の選挙参謀だったと述べたが、父親は強力な共和党の首脳であった。そして夫人スーザンは、むしろアメリカ民主党にちかく、父親はジョン・F・ケネディの側近の一人であった。

ケン・ワインスタインはシカゴ大学を出たあと、フランスのパリ政治大学院を卒業、ハーバード大学で政治学博士号を取得して政治活動に入った。フランス政府から勲章をもらったこともあるが、夫人のリシェーヌはアメリカのユダヤ社会の重要人物で、ユダヤ系の雑誌『コメンタリー』の編集責任者を務めたこともある。そして友人はカリフォルニアの最強の財界人、スタン一族である。

つまりこの二人はトランプの友人という立場から、日本政府の中国寄りの立場を揺り動かそうとしているのではなく、アメリカの指導者層の一人として、日本の中国寄りの姿勢を憂(うれ)えているのだと私には思われる。

第二章　尖閣のために バイデンは戦わない

ニューヨークの友人がインターネットで、こう言ってきた。

「セントラルパークの由緒あるレストラン、ブリナの脇を通ってびっくりした。屋内には入ってはいけない規則があるために、みぞれが降っているなか、防寒着の上に合羽をかぶって、屋外のテーブルに座っている人がたくさんいた。周りにはとりあえずビニールが張ってあったが、ディナーを楽しむような状況ではまるでなかったのに、座っている人々は黙然とコーヒーを飲んだり、ナイフやフォークを動かしたりしていた」

このレストランはセントラルパークの西側、コロンバススタワーからあまり遠くない所にある。場所はともかく、みぞれが降るなかで、ニューヨークの人が黙然と食事をしている図というのはまさに驚きである。私の友人はこうも言っている。

「あまりに長く家にとどまれと言われてイライラした人たちが、みぞれも厭(いと)わずにレストランの屋外で食事をしている。ニューヨークの人々の苛立った気持ちがそのまま表れている」

ニューヨークからは多くの人々が逃げ出し、カリブ海やハワイへ避難してしまったといわれているが、格差が非難されるなかで、豪華なバカンスに出掛けられないニューヨークの人々は、みぞれが落ちてくる空の下でイライラしている。

アメリカ第七艦隊の旗艦である電子攻撃艦「ブルーリッジ」で日本列島をひと回りしたことがあった。「ブルーリッジ」は横須賀を出港して、宗谷（そうや）海峡から日本海に入り、ロシアや中国海軍が影響力を拡大しつつある日本海のど真ん中を航行し、沖縄に至って旋回し、横須賀に戻ってきた。このとき、沖縄列島の沖合を航行中、ウォッチ、つまり見張りの若い士官が使っている地図のなかに、尖閣列島を見つけることは極めて難しかった。

尖閣列島は沖縄群島の北側にあり、第七艦隊の航海路に入っているはずであるが場所が複雑で、沖縄群島周辺の航海図一枚には入りきらない、やや北に外れた場所に存在している。

このように地理的に面倒ということもあり、アメリカ第七艦隊の作戦行動に際して尖閣列島は日本で騒がれているほどには注目されていなかった。そのうえ、尖閣列島をめぐる日本と中国の紛争はアメリカ第七艦隊からすると、漁業を中心とする経済権益をめぐる日中の衝突場所ということになる。

　こうしたアメリカ第七艦隊の基本的な考え方は、中国が尖閣列島周辺の中国漁船団を保護するためとして、海上警察艦艇を送り込み、第一線の海軍艦艇を送り込んでこないことを根拠にしている。アメリカ第七艦隊は、アジア各地で起きている経済的な各国間の衝突に、アメリカ海軍が介入するわけにはいかないという基本方針をとっているのである。

　確かに尖閣列島周辺は日本の領海である。私は何度もアメリカ第七艦隊のＰ８など長距離偵察機に同乗して、尖閣周辺の海域を取材飛行したことがある。尖閣列島の島々は驚くほど静謐（せいひつ）で、日中間で厳しい紛争が起きているとは思われない雰囲気のもとにある。日本のマスコミのなかには尖閣列島にアメリカ第七艦隊の基地をつくらせようなどと主張する者もいるが、アメリカ側にはそのような気持ちはさらさらない。

　こういったアメリカ第七艦隊側の考え方と中国の取り扱い方は奇妙な一致を見ており、尖閣列島周辺というのは軍事的な対決の場所ではなくなってしまっている。しかしながら、尖閣周辺を漁場としている日本の漁民からすると、中国漁船団が不法な操業をしている。こうした状況が尖閣問題の極めて重要な特徴であり、日本にとって非常にややこしい問題になってしまっている。

中国側が軍事力を介入させず、日本の海上保安庁艦艇にあたる、警察艇と呼ばれる艦艇が中心になって介入し、日本の漁船を圧迫しているのは紛れもない事実である。しかしながら、そういった状況は軍事的な対決ではなく、アメリカ第七艦隊が介入すべき問題ではない。アメリカ海軍当局はこれまでも、そう考えてきた。

もう一つ日本にとって厄介なのは、尖閣周辺の海域がとくにアメリカの軍事行動や貿易のための航路になっているわけではなく、アメリカが積極的に介入する理由にはならない海域となっていることである。アメリカ第七艦隊の作戦地図のなかで尖閣の名が見つけにくいというのも、そういった事情を反映している。

日本側からすれば、尖閣の問題は表面的には軍事上あまり重要でない、ということにはなっているものの、政治的に考えてみると、沖縄群島に対する圧力になると心配されている。もともと法律的には、日本の島である尖閣を中国側がいわば侵略する形で介入し、漁民をけしかけ、中国による漁船の操業を強化しているのは、当然のことながら、その先にある沖縄列島を考えたうえでのことである。

こういった表面的には問題にならない政治状況について、日本に同情的であるアメリカの政権は、日本の特別な立場を考慮し、基本的には日本を支援しようとしてきた。私が実際に第七艦隊を取材した際にも、そうした特別な事情があることは明確であった。

ブッシュ大統領の時代には、尖閣列島周辺を航行する第七艦隊の艦艇や長距離偵察機、潜水艦、哨戒機などに同乗し、取材することは難しくなかった。日本に友好的な政権のもとでは、アメリカ第七艦隊および海軍の首脳たちが積極的に日本国民の関心を尖閣列島に集めてもよいと考えていたからである。

これから登場するジョー・バイデン政権のもとでは、そういった日本に対する配慮が少なくなってくることは避けられない。その最大の理由は、ジョー・バイデン自身が、中国との関わりが強く、尖閣およびその周辺に中国の漁船団が乗り出して活動し、そのまま沖縄群島一帯に対する影響を拡大してきても構わないと考えているからである。

こういったバイデン政権の考え方は、オバマ政権時代の官僚群の考え方と共通している。オバマ政権時代には中国の軍事的な影響力が強大になり、クルージングミサイルの開発が進むとともに、第七艦隊の首脳たちは、衝突や損害を恐れて尖閣列島周辺から引き揚げる意向を強めていた。

このあたりの問題を日本の関係者は、現実を見ていないために見損なってしまっている。アメリカ海軍、とくに第七艦隊にとって重要なのは安全航海であり、いわゆるシーレーンの確保である。そういった基本的な大きな問題のなかで、尖閣列島を考えなければならない。

アメリカ海軍や第七艦隊からすると、中国の海軍力に対抗するためにもっとも注意しなければならないのは、中国本土、東シナ海から南太平洋に乗り出してくる中国艦隊の動向である。

そういった第七艦隊の考え方に呼応して、一時期は日本側でも協力体制を強め、石垣島の防衛能力を高めたり、東シナ海から南太平洋に開けているシーレーン周辺のミサイル攻撃能力を強化しようとしたりした。とくに陸上自衛隊西部方面隊の主導のもと、いわゆる地対艦の日本特有のミサイル網を配備する計画は、第七艦隊をはじめアメリカ海軍から大歓迎されたこともあった。地対艦の攻撃ミサイルは、日本側が力を入れているイージスミサイルシステムとは違って、中国海軍の不法行動を牽制し、シーレーンの安全を確保するものと言える。

いまここで私が強調したいのは、アメリカにとっては、尖閣周辺の漁業問題ではなく、東シナ海から南太平洋に延びるシーレーンの安全の確保が最優先するということである。

そしてもう一つ重要なのは、今後必ずや台湾問題が急速に緊迫化し、南シナ海や尖閣列島よりもホットな地点、地域となる可能性があることだ。

尖閣列島の問題だけを取り上げ、日米安保条約に基づいてアメリカが尖閣列島を守るか、と問いかければ、アメリカの多くの専門家は否定的な対応を示すと思われる。これはオバマ政権時代、この質問をされた官僚や政治家たちが、ヒラリー・クリントン国務長官を除いて全員が否定的だったことに示されている。

尖閣の問題は、尖閣列島だけを取り上げるということになれば、バイデン政権は「アメリカの関心の場所ではない」という回答を、日本側にしてくるものと思われる。そうした際に日本で巻き起こってくる反米感情は、侵略を実際に行っている中国に対する反感よりも強くなる可能性もある。そしてそういった状況こそが、習近平が狙っているところである。

ジョー・バイデンは、単なる経済圏の問題、漁業という経済問題に日米安保条約に基づいてアメリカの若者たちの犠牲を顧みず、アメリカが介入するわけにはいかない、という立場を明確にしてくると思われる。

しかもそういった事態と並行して、台湾での緊張が高まり、実際に台湾海峡で熱い戦いが起きた場合には、台湾の裏側とも言える東シナ海から南シナ海、そして一方では日本海から東シナ海、南太平洋という広い海域とシーレーンの安全が極めて重要になり、尖閣の問題はその陰に隠れてしまう。

バイデン政権というこれまでになく中国寄りのアメリカ政権のもとでは、尖閣問題という言葉自体、政治的に刺激的な言葉であり、日本の安全にとってはむしろマイナスに働く懸念がある。私は、日本の経済圏についての立場を無視しろ、と主張しているのではない。今後バイデン政権のもとで重要になってくる東アジア、西太平洋全域を含めての安全保障全体のなかで、尖閣の問題を主張し続けるという訓練を我が国民は行う必要がある。「尖閣」という言葉だけではジョー・バイデン政権は動かない、戦わない、と考えるべきである。

第二部　バイデンは中国のエネルギーパートナーになる

ジョー・バイデンの新しい政策のうち、最もはっきり間違っているのは、地球温暖化を防ぐためとしている新しいエネルギー政策である。

バイデンはほとんど新しい政策というものを発表しないまま、大統領選挙に勝ってしまった。そうした選挙戦のなかで環境問題に関しては、トランプ大統領が進めてきたエネルギー政策を批判し、地球温暖化に立ち向かうことを表明した。

地球の温暖化という現象が、多くの異論はあるにしろ世界を変えていることは紛れもない事実である。このことは何年も前の世界の自然現象を見ればはっきりしている。

いま八十歳を超えている私が子供の頃、十一月といえば、日本の暦でいう霜月で、霜が降りて辺り一帯が恐ろしく寒くなった。その寒さで手には、しもやけやあかぎれができて、子供たちを苦しめた。

そういった状況がなくなってしまい、十一月は霜月という実感さえなくなろうとしている。こうした単純な状況を見ただけでも、地球の温暖化現象が人々の生活を変えているのは体感として明らかである。

しかしこうした地球の温暖化が、何億年を超えて地球全体、あるいは宇宙の状況から見て、石炭や石油のエネルギーに基づく炭酸ガスの急速な増大や、オゾン層の崩壊だけに原因を求めていいか、ということになると、いまひとつ事態は明確ではない。

そうしたなかで、ジョー・バイデンがこれまでのトランプ政権のエネルギー政策を批判し、新しく炭素エネルギーの廃止という政策を打ち出した。これはバイデンによる新たな政治的な行動であった。「政治的」と言っているのは、科学的な根拠はともかく、トランプが推し進めた経済政策やエネルギー政策を一八〇度変えようとしているからである。

トランプ大統領の推し進めたアメリカの景気の拡大が、アメリカがふんだんに持っている石油や石炭エネルギーの利用に基づいていることは明確である。トランプ大統領が登場して、ウェストバージニアの石炭産業、あるいはフロリダの石油産業、さらにはペンシルベニアやオハイオなどといった古い石油地帯のシェールオイルの開発が積極的に行われた。

こうしたアメリカがふんだんに持っている炭素エネルギーの利用によって、アメリカが経済を拡大してきたことに対抗するため、バイデン陣営は新しいエネルギー政策として炭素エネルギーの利用に反対の立場を明確にしたのであった。そしてその代わりに、オバマ前政権のもとで失敗に終わった代替エネルギー、太陽熱や風力によるエネルギーの利用を主張し、トランプ政権が脱退した炭素エネルギーを制限するパリ協定への参加を決めた。

こうしたバイデン政権の動きは、明らかにアメリカの国益に反している。トランプ政権の前、オバマ政権は風力発電や太陽熱発電に力を入れ、そのための太陽光パネルや風力発電の風車の羽を中国から積極的に輸入した。だが風力発電や太陽熱発電は、経済的には成り立たず失敗に終わってしまった。

私もアメリカ各地のそういった施設を実際に取材したが、費用対効果から見て、風力発電も太陽熱発電も間尺に合うものではなかった。それをバイデン政権が再び蒸し返そうとしているのは、中国の国家政策を助けようという政治的思惑に基づいている。

中国は石油をはじめ基本的にエネルギーが不足している状況にある。そうしたなかでアメリカのエネルギー政策に対抗するには、アメリカの力を政治的に阻害する必要がある。パリ協定といい、太陽熱エネルギー政策というのは、そういった対アメリカ戦略である。

中国のエネルギー政策が極めて政治的であるのは、パリ協定に積極的に参加しながら、炭素エネルギー政策を推し進めていることに表れている。中国政府は依然として石炭に依存する火力発電に力を入れ続けている。

中国政府は中国のエネルギー源として、石炭を使う割合を二〇一二年から一〇パーセント以上少なくし、二〇一九年には全エネルギーの五八パーセントまで減らしたと発表している。しかしながら全体的に見ると、中国における石炭の使用量は増加している。

少し昔のことになるが、私が中国政府の招待で北京を訪問したとき、膨大な量の石炭が大きなトラックに乗せられて山西省の炭田から北京に運ばれ、個人住宅用の暖房源として使われていたのを見ている。

それだけでなく、石炭を使った発電所は中国で依然として増えている。アメリカ国防総省の衛星写真によると、二〇一九年、中国の石炭電力発電所は一〇〇カ所以上新しくつくられている。このことは中国政府が秘密にしており、新しくつくる石炭発電所はいずれも地理的に見て、衛星から写しづらい場所につくられている。

中国が年間一〇〇カ所という石炭の火力電力発電所を増やしていることは、紛れもなくパリ協定に違反している。そのうえ、アメリカ側のデータによっても、中国はすでに三〇〇以上の石炭による火力発電所を稼働させており、膨大な量の炭酸ガスを放出している。

こういった中国の石炭による火力発電所を野放しにしながら、バイデンのアメリカはパリ協定に復帰し、炭酸ガスの発生を規制しようとしている。そうした措置はトランプ大統領の経済政策を破壊し、アメリカを不利な立場に追いつめている。ジョー・バイデンがいま遂行しているエネルギー政策というのは、アメリカの国益を損ない、中国を助けるものである。

ＩＭＦのデータによっても、中国の石炭による電力は世界のなかの比率としては増大し続けている。石炭による火力発電所の設置について正確な報道を押し隠しているが、中国はいまや世界の石炭による発電の大部分を占めており、二〇二〇年上半期のデータによると、世界の新しい石炭による火力発電の実に九〇パーセントは中国のものである。中国は地球温暖化を急速に押し進めている元凶に他ならない。

ジョー・バイデンが行っているエネルギー政策というのは、そういった中国の犯罪的とも言えるエネルギー政策に目をつぶり、アメリカだけが炭素エネルギーの生産をやめようというものだ。

しかもこうしたバイデンの政策について、中国寄りであるアメリカのマスコミはいっさい批判的な報道を行っていない。アメリカのマスコミが大々的に取り扱うのは、シェールオイルの開発に伴う大量の水などによる環境破壊の問題だ。こういったアメリカのマスコミのバランスのとれないエネルギー問題について報道が、そのまま政治的に中国を助けることになっている。

そのうえ注意すべきは、アメリカのマスコミが中国政府の進めている電気自動車の開発を高く評価し過ぎていることだ。アメリカのマスコミが一致して褒め称えているのは、「電気自動車の開発に力を入れ、十年後の二〇三〇年には乗用車からの炭酸ガスの発生をゼロにし、地球温暖化を防ぐ」という中国の計画である。

そもそも中国の炭酸ガスの発生がゼロになるなどということは、考えられないことだ。それは石炭による電力発電所が増えているという事実から明らかである。すでに述べたように、中国という国は石油も天然ガスもアメリカと比べて産出額が少なく、石炭に頼らなければ産業が成り立たない。

バイデンが強行しようとしているパリ協定参加という構想は、現在の世界の実情から見て間違っている。パリ協定というのは、いまやアメリカと並んで最大のエネルギー消費国となった中国を規制の対象から外している。そのことが、いま私が示したように、中国の野放しの石炭による火力発電所の数に表れている。

パリ協定というのが間違っているのは、石炭エネルギーに頼り、炭酸ガスを極めて多く放出している中国に対して規制を行っていないことである。そういった中国のエネルギー政策に、何等の規制もつけず、そのまま許そうとしているのがアメリカの新しいバイデン政権である。

「ジョー・バイデンとその一族は中国のエージェントである」とアメリカで言われ始めて

いるのは、そういった中国の国家利益にジョー・バイデンが寄与しているからだ。しかもそういった動きを助成しているのがアメリカのマスコミで、「中国に炭酸ガスゼロの時代が来る」などという、ありえないニュースを送り続けている。

「すべての乗用車をＥＶ（電気自動車）にする」という構想も、同じように中国の国益に即したものと言える。電気自動車について言えば、現実問題として、いま世界で使われている戦車や装甲車、軍用自動車を電気エネルギーにするのは難しい。強力な牽引力を必要とする軍用の車両をＥＶにするなどということは事実上考えられないことである。そのうえ、ミサイルや航空機をすべて電気化することなど、技術的にありえない。

世界の乗用車をすべてＥＶ化するなどという構想は、天然資源に恵まれない中国の国益を考えた戦略であり、中国のエージェントとまで悪口を言われるジョー・バイデンだけが推し進めうる政策と言える。

パリ協定や電気自動車構想は、人間文明の到達する理想の構想とも言える。しかしながら現実問題として考えた場合には、エネルギー後進国である中国の国益を優先したものであり、全世界の安全には大きな損害をもたらすものであることを認識する必要がある。

第三部　バイデンは中国のエージェントか

二〇二〇年十二月十八日、ワシントンは初めて雪が降るのではないか、という冬の到来を思わせる寒い日だった。この日の朝の幹部会で、アメリカ国防総省の政策および戦略一般を統括しているクリス・ミューラー国防長官代理は、国防総省の幹部全員に対して一通の秘密通達を出した。その内容はもちろん秘密という手前、通信文には「その場かぎり、見た後は廃棄」、という注意書きがついていた。

ミューラー国防長官代理の通達の骨子は、バイデン大統領の側近や軍事関係者たちが、新しい政権を樹立するための国家安全政策上必要とする情報を手に入れようとして接近してきた場合、拒否するよう命じていた。

国防総省内の情報によると、ミューラー国防長官代理はさらに十二月二十日、国防総省の幹部がバイデン陣営側と接触することをすべて禁止した。しかしながら、ミューラー国防長官代理は奇妙なことに、こうも述べている。

「我々はバイデン側の接近に対して、ペンタゴンの周りに厳しい石垣をつくって侵入を阻止しようとしているわけではない。つまりストーンウォーリングを行うと決めているのではない。安全保障上、十二分の注意をするよう促しただけだ」

しかしながら、注意深い国防総省ペンタゴンの軍人たちや官僚たちはそういった通達にはきわめて敏感であり、ミューラー国防長官代理の通達は事実上、ペンタゴンにストーンウォーリングを行ったのと同じ効果をもたらした。

私の知っている国防総省の幹部は、私のハドソン研究所の同僚にこう述べている。

「もともとバイデン陣営のスタッフたちには、機密保持の面から私自身も疑いを持っており、電話にも出たくないと思ってきた」

こういった国防総省内における軍人や民間人、官僚たちのバイデン政権関係者に対する警戒心というのは、これまでのペンタゴンの動きとはやや異なっている。

これまで私は長いあいだ国防総省を取材し、政権交代に伴うさまざまな問題や事件を取材してきた。これまで私が実際に取材したなかで、アメリカの政治の党派が大きく変わり、反対政党の手に落ちたことが何度もあった。

ニクソン大統領がウォーターゲート事件のために辞任し、フォード政権になり、一九七六年の大統領選挙では民主党のカーター大統領がホワイトハウスに入り、ペンタゴン内でも政権が変わったことによる大きな騒動が起きた。最も大きな問題は、カーター大統領自身が個人的に関心のあったミサイル原子力潜水艦の秘密を、どう新しい大統領に引き継ぐか、ということだった。しかし引き継ぎは意外と簡単で、何の風波も起きることなく、核のボタンを収めたカバンもフォード大統領からカーター大統領に引き渡された。

カーター大統領が四年後、一九八〇年の大統領選挙でレーガン大統領に敗れたときも、ペンタゴンでの事務の引き継ぎはきわめてスムースに行われた。

このときにはカーター政権の責任者が、アメリカ核戦力の専門家であったブレジンスキー補佐官で、その周辺の軍人たちも海軍の幹部が多く、あっという間にあらゆる情報がレーガン政権の首脳たちに引き渡された。

とくに核戦略やＮＡＴＯとの関係についての安全保障上の機密情報が順調に移管されたのは、新しいレーガン政権の首脳たちがもともと軍需産業などを通じて国防総省と深い関係を持っていたからである。

そして、その後の一九九二年、「レーガン第三期目」とマスコミに揶揄（やゆ）されたブッシュ大統領が一期だけで落選してしまい、クリントン政権に変わったときも、政党が共和党から民主党に変わった。

このときもブッシュ政権を実質的に動かしていたチェイニー副大統領や、ラムズフェルド国防長官が政権交代に伴う情報管理の責任者となり、クリントン側の国家安全保障政策の総責任者で、私の友人でもあったオドム陸軍中将とのあいだですべての情報の移転が順調に行われた。

そして西暦二〇〇〇年、第四十三代ジョージ・ブッシュが民主党から政権を取り返したときも、ペンタゴンをめぐる安全保障上の移転は何の雑音も聞かれないままスムースに完了した。このときもラムズフェルド国防長官やブッシュ陣営のジェームス・ベーカー首席補佐官などが舞台裏で活躍し、アメリカ核戦略の中心人物とされてきたジェームス・シュレジンジャー元国防長官なども政権の移転に伴う情報移転に協力した。

こういった政党をまたがる政権移譲の際、安全保障上の中心になる国防総省をはじめとする情報機関の情報移転にあたっては、ジェームス・シュレジンジャー元国防長官のほか、キッシンジャー博士なども深く関与した。このことは私が長い取材のあいだ、シュレジンジャー国防長官やキッシンジャー国務長官と親しく付き合っていたなかで、漏れ聞いたことである。

キッシンジャー博士については、ブッシュ陣営も、そしてレーガン政権も、あまり好意的ではなかったということもあり、もともと日常業務には関わっていなかったが、政権の交代という大きな節目にあっては、その助言や行動が大きな役割を果たしていた。当時、キッシンジャー博士をあまり好きではないと言われていたクェール副大統領が、私にこう言ったことがある。

「ロシアや中国に関する安全保障上の問題点や、相手側の考えを知るには、キッシンジャーの助言が極めて有効であった」

今度の共和党からバイデン民主党への政権の移行にあたって、国防総省がストーンウォーリングなどをしているのではないか、と批判されているのは、ひとつにはワシントンにキッシンジャー、シュレジンジャーといった英語でいう「カリバーが大きい」、つまり度量が大きな政治家がいなくなったことが原因である。

もう一つの原因は、バイデン政権、バイデン大統領とその周辺があまりに無防備で、用心のない対中国戦略をとり続けていることが問題だからだ。そしてさらに大きな原因は、アメリカ国防総省内の対立である。

アメリカ国防総省内における最も重要な情報は、対ロシア戦略であり、かつての冷戦を戦うための安全保障上の情報だった。ところが二〇〇一年九月十一日のアメリカ本土に対するアルカイダのテロ攻撃以来、アメリカ国防総省の軍人たちの関心がテロリストたちとの戦いになってしまった。

テロリストに対する戦いも、アメリカの安全にとっては極めて重要であり、戦略的にも大切にされてきた。しかしながら、動かされる兵器の質や量、国家体制の在り方からすると、テロリストとの戦いというのは、アメリカがこれまで戦ってきた第二次大戦、ドイツや日本に対する戦争から冷戦に至る戦いとは雲泥の差がある。

アメリカ国防総省の戦略空軍や、アメリカ海軍の首脳たちからすると、バイデン政権を取り巻いている近頃の軍人たちや官僚というのは、そうした戦いの重さから考えて、まるで相手にならない。そうした国防総省の幹部たちの懸念というのもわからないわけではない。実際にペンタゴンを長いあいだ取材してきた私からすると、テロリストとの戦いというのは、いわば戦術を重視した、その場主義と言うべき戦いなのだ。

テロリストたちとの戦いを進めている海兵隊やアメリカ陸軍の関係者は、戦略空軍や海軍の長期的な戦いを進める軍人たちと比べると、その場主義に陥ってしまうのは避けられない。

こういった、その場主義と言える海兵隊や陸軍の軍人たちが、立場の違いから政治家と対立し、大統領といわば喧嘩をしたかたちで解任されたり、辞めたりしたケースが多くなっている。

そういった海兵隊の幹部や陸軍の将軍たちは、まさにその場しのぎで、新しい仕事の場所として、自分たちが戦闘に使ってきた最新兵器をつくっているシリコンバレーの企業に再就職をしたり、背景があまり明らかでないシンクタンクでの仕事についたりしている。

その場合しのぎの新しい仕事に就いた海兵隊の幹部や陸軍の首脳が、これまでのアメリカ国防総省と軍需産業、石油関係の企業との関係とは異なった立場に立たされることは避けられない。

こういったことが現在の国防総省の幹部には懸念の的になっており、その延長線上として、バイデン政権の関係者に国防総省の軍事情報を移転することに、躊躇せざるをえなくなっている。

しかしながら安全保障の問題というのは国の根幹に関わっている。安全保障の問題に関する情報は、国の安全を左右し、扱いを間違えれば国を亡(ほろ)ぼすことになる。

経済の問題も重要ではあるが、短期的に考えれば、経済の失敗で国家が一挙に崩壊してしまうことはない。しかし国防総省の情報の扱いを誤れば、アメリカという国家が一挙に崩壊してしまうこともありえる。

こういった懸念は、トランプ政権とオバマ前政権の諍いにも関わり合ってくるが、この諍いのあと登場したバイデン政権に対して、アメリカ国防総省の担当者たちは簡単には情報を渡すことはできない、と考えている。

アメリカ国防総省からの国家の安全についての情報を十分に受け取れないことになると、バイデン政権は国家としての機能を維持できないことになる。バイデンは政権を設立する前から、国家にとって最も重要な、安全保障上の扱いについて国防総省から疎んじられているのである。

第四部　オバマ旧官僚群が強いアメリカを滅ぼす

トランプ政権の評価については長い時間が必要になると思われるが、短期的に見れば外

交的に華々しい成果をあげてきた。民主主義を破壊し、人道主義を無視した中国の邪悪な政策を押し潰したのはトランプであった。

トランプ大統領の厳しい関税政策やアメリカの先端技術の盗用に対する罰則、さらには少数民族弾圧に対する攻勢など、すべてのトランプ政権の行動は、人類社会を正しい状況に引き戻した。

こうしたトランプ政権の成果をアメリカのマスコミやリベラル勢力が評価していないのは、ただ単に中国寄りという理由からではなく、豊かになった社会においてアメリカの一部の人々の不満が増大したからであった。

こうしたアメリカの一部の人々の不満は、トランプ大統領の外交政策の成功や、国内経済の好況によって押し潰されてしまった。しかしながらジョー・バイデンが登場したことによって、この不満分子たち、つまり追放された古いオバマ政権の官僚たちが戻ってくることによって、事態が大きく変わろうとしている。

オバマ政権の外交とは、オバマ政権で国連大使と国家安全保障担当補佐官を務めたスーザン・ライスが、アメリカの外交官が殺害されたベンガジ事件についてまるっきり嘘の情報を流したことに象徴されるように、嘘とインチキの外交であった。

ジョー・バイデンの登場は、そういった邪悪な、暗いオバマ政権の外交がそのまま戻ってくることを意味している。旧オバマ政権の官僚たちが戻ってくることは、暗い歴史の再現であり、間違った政治の回帰を意味する。ジョー・バイデン政権の骨子とは、そうした間違った、古い政治の紛れもない復活なのである。

ジョー・バイデンはアメリカ国民の半分をわずかに超えた支持を集めて、ようやく当選にこぎつけるや、主要閣僚を中心とする政権の樹立をあっという間に成し遂げてしまったように見える。

そうしたバイデンの政治的早業（はやわざ）の背景には、民主党のオバマ前政権をあげての協力がある。その動きを強く支援したのが、腐敗してトランプに追われていたアメリカの官僚たち、とくに民主党オバマ系の古い勢力であり、トランプ嫌いのリベラル派の新聞やテレビネットワークを中心とするアメリカのマスコミである。

この原稿を書いている二〇二一年一月終わりの時点で明らかになっているバイデン政権の顔ぶれは、次の通りである。

アメリカの首相とも言える国務長官は、バイデンの外交補佐官を長いあいだ務めてきた元国務副長官のアントニー・ブリンケンで、息子ハンター・バイデンが中国から不正な資金を得た際、その陰にいつも存在してきた。

国防長官にはミシェル・フローノニー国防次官が昇格すると見られていたが、結局は黒人でオバマ大統領に近いロイド・オースティン陸軍大将が指名された。すでに述べたように、この指名には重大な問題がある。オースティン大将が予定通り国防長官に任命されるのは極めて難しいと思われる。

ブリンケン元国務副長官の長官昇格についても、同じようにいくつかの難しい問題がある。共和党からすると、あまりにもオバマに近い。

ジョー・バイデン自身がいわばオバマ官僚群の一部であり、仲間を閣僚や重要なスタッフに集めようとするのは、人情としては当然と言える。しかしながら、強いアメリカをつくることを標榜し、しかも人々の不満を解消することを標榜しているジョー・バイデンとしては、あまり好ましい選択とは言えない。

トランプ大統領が政権を維持した四年間のあいだ、強いアメリカができあがったのは、オバマの官僚たちを追い払ったからだった。トランプはそのうえ、オバマ政権の閣僚たちの友人の学者、専門家をすべて遠ざけてしまった。

そうしたトランプ大統領の四年間の実績から見ても、アメリカの官僚、専門家というのが、いわゆる制度疲労を起こして役に立たなくなっていることは明らかである。トランプ大統領がアメリカを強くできたのは、そういった制度疲労を起こした官僚や専門家をすべて追い払ったからであった。

アメリカ国民の多くも、そういった官僚たちがつくりあげた古い官僚体制というのは、アメリカが強くなるのを妨げてきたと考えている。ジョー・バイデンは極めて解決し難い矛盾に取り囲まれてしまっている。

バイデンがトランプのやり方を変えようと思えば、古い官僚を引き戻すことによって、いわば反革命を起こさなければならない。しかしながら、そういった閣僚やエリートたちはむしろアメリカの力を滅ぼしてきた。

アメリカの人々のほぼ半分がいまなおジョー・バイデンではなくトランプ大統領を支持しているのは、暗く陰鬱だったオバマの官僚時代には戻りたくないと考えているからだ。

しかしながら結局のところ、ジョー・バイデンは自らの古い体質から逃れられないでいる。トランプ大統領はバイデンのことを「スリーピー・ジョー」、寝ぼけまなこのジョーとからかったが、三十年にわたって眠り続けてきた政治家ジョー・バイデンは、新しい現実をしかと見極めることができないでいる。

オバマ政権の旧官僚たちが戻ってくれば、アメリカはこれ以上強くなるどころか、混乱を深めるのは避けられない。それはオバマ時代のあらゆる外交が失敗したことや、経済の伸びが極めて小さかったことがはっきりと示している。しかしジョー・バイデンは、そのことが分かっておらず、記者団にこう述べた。

「ワシントンに古き良き時代が戻ってくる」

ジョー・バイデンが言う「古き良き時代」というのは、オバマ政権下の暗くて、不正であった国際戦略や、多くの人々を悩ませていた景気伸び悩みの時代であるが、ジョー・バイデンからすれば、同じ考え方を持った数多くの知り合いの官僚たちがワシントンに戻ってくることである。

ジョー・バイデンのこの発言を聞いて、私の友人の共和党の議会指導者たちはこう言っている。

「ジョー・バイデンが言っている古き良き時代というのは、官僚たちが何もしないという、いわば政府がアルツハイマーにかかったような時代である。ジョー・バイデンのもと、ワシントンはそうした官僚のものになってしまう」

ジョー・バイデンは私がすでに述べたように、安全保障関係の閣僚には旧オバマ派の間違いだらけだった官僚たちを連れ戻そうとしているが、生活絡みの閣僚ポストにはアメリカの社会にはそぐわない社会主義者を起用している。莫大な税金を浪費したオバマケアの信奉者でカリフォルニア州司法長官のハビエル・ベセラを厚生長官に指名した。

これまで明らかになったジョー・バイデン政権の顔ぶれを見ると、旧オバマ政権下の対中国政策から中東政策に至るあらゆる分野で過ちを犯してきた旧オバマ政権の官僚たちと、ジョー・バイデンが言う「アメリカ社会の多様性」を反映したリベラル派の政治混合体となっている。バイデン政権とは、共産主義国家・中国に寛容な旧オバマ政権の閣僚と、アメリカ社会の多様性を反映した新しい政治家の複合体である。

ジョー・バイデン政権とは、トランプ政権の成し遂げた強いアメリカと経済的繁栄に与っていないアメリカ社会の不満勢力の集合体でもある。こうした中国共産党寄りのオバマ派の官僚たち、そしてトランプ経済の繁栄と豊かさに乗り損ねた人々の集団であるバイデン政権というのは、古いアメリカに戻るどころか、アメリカに新たな対決をもたらし、混乱に陥れると思われる。

ジョー・バイデンはアメリカ社会において、トランプ景気に与れなかった人々の不満を代表し、現在のアメリカの繁栄を生み出している社会体制や政治を大きく変えようと、アメリカにおける不満分子の政治勢力を使って、政権の座を獲得した。

こうしたジョー・バイデンのやり方は、世界的に見ると、コロナウィルス騒ぎのなかですら経済を拡大しているトランプ体制を壊すことによって政治勢力を拡大しようという、極めて危険な、ある意味では破壊的な政治活動と言うことができる。

そうしたなかで我々がとくに注目しなければならないのは、アメリカ経済を拡大し続けている現在のアメリカの経済体制や政治組織のなかで重要な役割を占め、アメリカの経済的繁栄と力の拡大に大きく寄与している日本の役割に対する影響である。

ジョー・バイデンとその取り巻き、旧オバマ政権の官僚たちや、それを支援するアメリカのリベラルなマスコミは、アメリカの繁栄を拡大するのに寄与している日本との関係を壊そうとしている。その象徴が、日本嫌いで、中国寄りのアントニー・ブリンケンなどの台頭である。

ジョー・バイデンとアメリカの官僚や反トランプ勢力は、日米関係を破壊することによってアメリカの新しい体制を確立し、自分たちに都合の良い政治体制をつくりだそうとしている。この歴然とした政治情勢や、冷酷なアメリカにおけるパワーポリティックスの現状を日本の指導者は正しく理解する必要がある。

第五部　米マスコミはまだバイデンを助けるのか

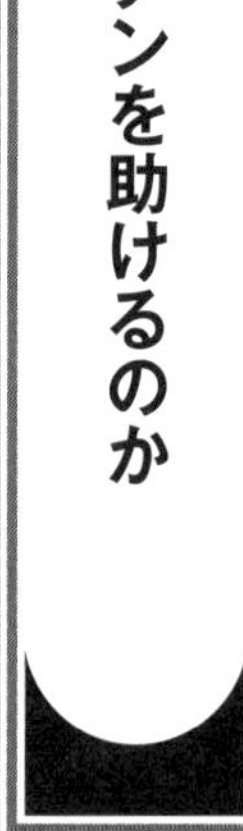

アメリカの第四十六代大統領になるジョー・バイデンは、就任式が行われる二〇二一年一月二十日には七十九歳、アメリカ史上最も年をとった大統領である。この老齢や、体があまり丈夫ではなく、犬に引っ張られただけで転んで足の骨を折るなどという体質から、とても四年間、アメリカという巨大な国家を率いていく体力はないと思われている。

ワシントンの多くの人々は、「結局はカマラ・ハリス副大統領がバイデン大統領の倒れたあと、はじめての女性大統領としてホワイトハウスをとり仕切ることになる」と言い始めている。だが、そうした身体的な条件以上に、バイデンの重荷になっているのは汚職体質である。バイデンは買収と収賄の政治家であるという極めて重い負の十字架を背負い続ける。

私が見てきたこれまでのワシントンの厳しいモラルから判断すると、ジョー・バイデンは収賄、買収の大統領という烙印を押され、中途で職を投げ出さざるをえないと思う。さらに言えば、在任中に野党・共和党側が二〇二二年の中間選挙に大勝すれば、大統領弾劾、インピーチにあう可能性がある。つまりジョー・バイデンは大統領になる以前から、誰もまともな政治家とは受け取っていない。

バイデンが危険なのは、息子のハンター・バイデンの行動について、「自分はまったく関知しなかった。仕事についてては何の干渉、介入もしていない」と記者団にも述べてきていることである。

アメリカのマスコミはこういったジョー・バイデンの証言が嘘であることに気づきながら耳を塞ぎ、報道を差し控えてきた。つまりトランプ大統領を攻撃し追い落とすために、バイデンに対する批判をいっさい差し止めてきたのであった。バイデンに対するアメリカマスコミの姿勢が、これまでのワシントンの常識やモラルから見て極めて異常であることははっきりしている。

一九七二年の大統領再選に成功したあと、第三十六代ニクソン大統領がウォーターゲート事件で弾劾された。ワシントンのウォーターゲートビルにあったアメリカ民主党の選挙本部に侵入、盗聴をしたという事件が暴露されたのである。

ニクソン大統領は議会でインピーチが成立する直前に辞任したが、ジョー・バイデンの嘘はニクソンの嘘よりも何倍も酷い。ウクライナの汚職事件に対する不法な介入や中国との闇取引などは単なる嘘ではなく、明確な違法行為であり、犯罪行為である。

　こうしたジョー・バイデンの行動について、アメリカのマスコミはいつまでも頬かむりしていくわけにはいかないはずである。これまでのジョー・バイデンの不正行為は上院議員時代、あるいは副大統領という政府高官時代に行われたもので、マスコミ側が自己弁護の理屈をつけて頬かむりをすることも可能であった。

　ところがジョー・バイデンは大統領になってしまった。アメリカの政治の常識で言えば大統領が、大統領になる前に行った違法行為が原因でインピーチ、弾劾されることはないとされている。

　しかしながら、弾劾とは別に、大統領になる以前に行った不法行為をマスコミが見過ごしていいわけではない。早い話が、ジョー・バイデンが今後、中国と折衝したり、協定や条約をつくろうとしたりする場合、バイデンの政治的な意図が必ず追及される。この追及のなかで、これまで行ってきた闇取引、買収や賄賂の話が出てくるのは当然である。私の友人の共和党の政治家は、こう言っている。

「バイデンは中国から受け取った賄賂についての記録を消し去ることはできない」

ジョー・バイデンが一族がらみで賄賂を受けたことは歴史的事実として厳然と残り、大統領としての行動に大きく影響する。そのうえ次第に明らかにされている各種の情報によると、バイデンは不法に集めた資産によって政治家としての地位や、バイデン一族の生活を維持してきた。こうした情報が表面化し、明らかになり、バイデンの嘘に脚光が集まることになるのは避けられない。

アメリカの政治は、民主主義と人道主義を表看板にしているが、その実態は恐ろしく不明朗で闇に包まれている。歴史的に見れば、大統領としてははっきりと汚職という行動をし、それが何らかの形で記録に残っているのは、ジョー・バイデンを除けば、一九二一年から二三年まで在任したウォーレン・ハーディング大統領のみである。

ハーディングはオハイオ州の新聞の編集者であったが、ポーカーの名手としても知られ、どちらかと言えば、博打打ちの仲間とされている。そのハーディング大統領は、ポーカーをめぐって友人たちから多額の借金をし、その見返りとして国有施設を安く払い下げた。とくに有名になったのは海軍の燃料施設であった。

そのうえ、おおっぴらに愛人を連れ歩いたため、好況に沸き返っていた当時のアメリカでもさすがに強い非難を浴びた。しかし結局は、大統領弾劾や非難を受ける前に、任期を満了せず、任期半ばの一九二三年、心臓麻痺で亡くなってしまった。

民主党のクリントン大統領は地元アーカンソー州で、国有地の払い下げをめぐって明らかに不正行為を行ったのにもかかわらず、罪を追及されることを逃れた。オバマ大統領はシカゴの高級住宅地にあるマンションを地元マフィアの一族から贈られたという報道があるなど、さまざまな疑惑に囲まれている。

しかしながらこういったアメリカ大統領の闇の行為は、「嘘をついた」というニクソン大統領に対する非難以外には、すべてうやむやにされてきてしまっている。

クリントンの場合も、多くの賄賂や不正事件で追及され、大統領弾劾は避けられないという状況のもとで、行方をくらましてしまい、ヒラリー・クリントンが非公式にその大統領職を引き受けた、というのが歴史的事実になっている。

しかもそうしたヒラリー・クリントンやクリントン大統領は、ロシアやアフリカの非民主的で非人道的な発展途上国の元首たちから極めて多額の賄賂じみた献金を受け取っている。ヒラリー・クリントンが国務長官時代モスクワを訪問し、クリントン大統領のために一〇〇万ドルという常軌を逸した巨額の講演料の取り決めを結んだことは記憶に新しい。

こういったアメリカ政治のいわば闇の系図とも言うべき歴史からすると、ジョー・バイデンの賄賂、汚職というのは、とくに目くじらを立てるほどのことでもない、という意見がワシントンの政治家のあいだに強いのも事実だ。

しかしながら問題なのは、ジョー・バイデンが現職の大統領としてこれから、法律や条約をつくる際に、アメリカ議会と厳しい対立や話し合いを続ける渦中に置かれることになることだ。

そういったなかで、ジョー・バイデンが息子のビジネスのために外国の関係者とホワイトハウスで会ったことがあるという事実が、マスコミで報じられることになると、ジョー・バイデンは恐ろしく困った立場に追い込まれることになる。

こういった問題を考えるにあたって配慮すべきは、アメリカの政治というものの体質である。アメリカの政治というのは、建国のプロセスから見て、民主主義と人道主義を基本にしている。これは人類歴史上、刮目（かつもく）すべき出来事ではあった。

しかしながらこういった理想的な政治の背景で行われてきたのは、腐敗と買収、そして闇の中の行動である。しかもそういった古い体質が、いまなおアメリカの政治を動かしている。

そうしたアメリカの政治の闇は、ジョー・バイデンが恥じることもなく、息子のために外国のエージェントとホワイトハウスで会ったことはないと、嘘の証言する態度に表れている。アメリカの政治の闇の系図というのは、いまなお生きているのである。

シカゴのヒルトンホテルの吹き抜けの正面玄関には、大きな石造りの階段がある。一九二〇年代にはマフィアの頭目であったアル・カポネ、英語ではアル・カポーンが大きな拳銃を腰にぶら下げたボディーガードを二人連れ、悠然と降り立ってきた場所でもある。シカゴは、一九二〇年代のマフィアの時代と、現在のオバマ、そしてジョー・バイデンの時代がそのまま二重写しになっている街である。

一九二〇年代といえば、アメリカでは自動車や映画などの開発が進み、猛烈な消費文化が吹き荒れていた。アル・カポネやウォーレン・ハーディングのあと、極めて紳士的であったカービン・クーリッジ大統領が就任したが、そのあとハーバート・フーバー大統領のもとで世界の歴史を大きく変えた大不況に世界は見舞われた。

誠に不気味な話ではあるが、ウォーレン・ハーディングという嘘つきで賄賂スキャンダルに塗(まみ)れた大統領のあと、世界の歴史が悪いほうに大きく変わった、という事実には、目をつぶるわけにはいかない。

そうした歴史的事実とジョー・バイデンの結びつきを考えた場合に、目をそらしてはならないのは、中国の習近平が、自らの政治野心のために、ジョー・バイデンという不吉な大統領をつくりあげてしまったという事実である。

第三章 台湾は中距離ミサイルで北京を攻撃する

幅三〇〇キロ、長さ六〇〇キロの台湾海峡を、南西の端から横断して鹿児島までアメリカ第七艦隊の新鋭潜水艦偵察機Ｐ８で飛んだことがある。第七艦隊のＰ８は、台湾海峡を航行する中国の潜水艦を常時警戒し、ソナーブイを落として探策を続けている。第七艦隊のイージス駆逐艦や空母で台湾海峡を通り抜けたこともある。軍事的に見れば台湾海峡は、中国にとって超えることのできないレッドラインになっている。中国が台湾を自分たちのものだと主張する国際的な根拠はまったくない。このことを、日本政府をはじめ世界の政府がはっきりと明言しないのは、中国におもねっているだけでなく、アメリカの態度がいま一つはっきりしないからだ。

国際法に基づけば、ある地域を自分のものだと宣言するためには、軍事的に占領する必要がある。ところが中国は台湾を占領するどころか、これまで常に侵略に失敗し追い返されている。

アメリカはニクソン、キッシンジャーだけでなく、カーター大統領までが台湾を中国として取り扱っている。このアメリカのやり方は、国際法に真っ向うから矛盾するものである。

トランプ大統領は「誰が台湾を中国のものだと言ったのか」と皮肉ったが、中国が台湾を一つの中国だと主張するのは基本的に間違っている。潜水艦偵察機やアメリカの艦艇で通り抜けただけでも、幅三〇〇キロという広さは、台湾の国際法上の独立性、あるいは軍事的に独立した立場をはっきりと示している。

第一部　バイデンは台湾を見捨てられない

トランプが二〇二〇年の大統領選挙戦で敗れたわけではない、と私が指摘しているのは、アメリカの政治そのものが選挙のあと大きく様変わりしたという状況にはなっていないからである。

トランプ政権のこれまでの内政、外交の中心政策は中国に対する強硬姿勢であった。それは一般にもよく知れ渡っている中国に対する厳しい関税政策であり、アメリカの技術盗用に対する制裁措置である。

トランプ大統領は、先端情報企業ファーウェイに対する制裁に見られるように、中国の侵略政策を推し進めている企業や中国の政府機関に対して思い切った厳しい制裁措置をとった。今度の選挙でバイデンが勝ったという状況のなかでも、アメリカの対中国強硬政策は揺るがないと思われる。

その最大の理由は、アメリカ国内で保守勢力を中心として議会などで、中国の習近平の非人道的な政策に対する非難が著しく高まっているからである。

チベットの首都ラサでは、中国軍の公安部隊がチベット人家庭に押し入り、仏教の道具などを破壊するという狼藉を行った。中国政府は組織的に、チベット文明を破壊し続けてきた。

こうした少数民族への弾圧は、習近平独裁下ではっきりした政策のかたちをとるようになり、ウィグル族の絶滅計画にまで発展した。これに対してアメリカ議会の上下両院は「ウィグル人権法」を成立させるなど、中国国内の虐げられた民族を保護する姿勢を徐々にではあるが、とるようになっている。

中国政府による非人道的な行動に対してアメリカ政府がとり始めた批判的な姿勢は、ヨーロッパの人々の中国専制政治に対する批判や反発と絡み合って、強靭なものになっている。

ヨーロッパではドイツの労働組合などを中心に、中国の非人道的な政策が、安い労働力による生産というダンピング政策を生み出し、「モノづくりチェーン」などと称して、世界中の生産体制を支配するに至っているのを厳しく批判し始めている。

こうした動きは、ドイツでの失業が増えていることとも絡み合っているが、中国の非人道的な政策が、ヨーロッパの人々の職を奪っているという怒りと反発につながったのである。

アメリカの世論がヨーロッパに動かされるのは珍しいことではないが、いまアメリカで燃え上がっている中国の非人道的な行動に対する批判がヨーロッパの後押しを受けていることは、反中国の動きの強さと広がりを示している。

こうした状況のもとで登場したバイデンは中国について、選挙戦中ほとんどはっきりした政策を明らかにすることをしなかった。こうしたバイデンの消極的な対中国政策についての姿勢は、バイデンとその周辺が中国に強く取り込まれている結果である。

このバイデンと中国のつながりについては、これまでもすでに多くの方面から指摘され、非難されてきた。ところがそういったバイデンの姿勢や立場について、アメリカのマスコミはいっさい報道することを控えてきている。

たとえば二〇一三年、バイデンがオバマ大統領の代理として中国を訪れた際、大統領専用機エアフォース・ワンに息子のハンター・バイデンを乗せ、北京で中国人民銀行の首脳や広報情報機関の首脳たちと秘密の会談を重ねている。

そのあと中国は、人民銀行からの一五〇〇万ドルという巨額の投資資金をハンター・バイデンに任せることにした。その結果、ハンター・バイデンは膨大な資金を手数料として受け取っている。こうした情報は数多く伝えられているが、それ以上に注目されるのは、バイデン自身と中国指導者とのつながりである。

バイデンは放言癖があることで知られているが、時おり新聞記者たちに対して、中国の指導者、とくに建国の父と言われる毛沢東との関わりについて、あまり言ってはならないと思われることを口にしている。

バイデンは、毛沢東語録の中の言葉を引用して政治的な考え方を述べたり、選挙運動中にも毛沢東の言葉をそのまま使ったりしている。このことは、ジョー・バイデン自身がある意味で中国共産党の教えに強い影響を受けていることを示している。

そうしたこともあってアメリカの多くの専門家や中国側の指導者は、バイデンが大統領になれば、これまでのトランプの強硬な対中国政策が大きく変わるのではないかと考えてきた。

しかしながら息子ともども中国と密接なジョー・バイデンの政治的な立場は、いまアメリカやヨーロッパで高まっている中国の非人間的な行動に対する批判と正面から対立する。トランプの対中国強行政策を変えたり、中国に対して友好的な接近政策をとったりすることは難しい。

これまで述べてきた理由から、バイデンが政権を奪ったあと、直ちに中国寄り政策をとる見通しは一般に言われているよりも少ないと思われる。しかしながら、中国の習近平はコロナウィルス災害によって国内経済や輸出が滞り、国民の不満が高まっているなかで、南シナ海から東シナ海、尖閣列島にかけて、侵略的な強い政策を推し進めざるをえなくなっている。

このように、これまで以上に厳しい対立の姿勢を示してくる習近平と中国に対して、ジョー・バイデンは友好政策どころか、断固とした強い姿勢をとらざるをえなくなっている。

中国との関係についてジョー・バイデンは、これからますます厳しく、苦しい状況のもとに置かれることになる。習近平が国内の政治的な力と威信を高めるために、アメリカと対抗する姿勢を強めなければならない立場に追い込まれているからだ。

習近平は登場以来、アメリカとの戦いを避けること、つまり熱い戦争をしないことによって中国経済を拡大させ、長期にわたる中国の国力強化と威信の拡大を実現しようとしてきた。そういった習近平の長期戦略が破綻したのは、香港に対する強硬政策であった。

習近平は香港の経済的な価値と国際社会に対する影響力から見て、香港を実力で占拠することは好ましくないと考えていたはずである。しかしながら、敢えて踏み切ったのは、そういった香港の経済的な立場や世界での評判以上に国内の政治情勢が緊迫しているためではないかと思われる。

この点について中国では完全な情報管理が行われており、実際にどの程度の動揺と混乱が起きているかは、アメリカCIAですら正確には把握していないようである。このことは台湾についても当てはまるはずである。

台湾に対する軍事的圧力の強化や、実際の軍事力の行使というのは、とてつもなく大きな変化と圧力をアジアだけでなく世界に及ぼし、アメリカにも影響が強く及んでくる。そうしたなかで、これまでトランプ大統領が推し進めてきた軍事力による台湾防衛という措置をバイデンがどこまで継承し続けるかは、極めて不確定で、不安な要素が多い。

しかしながら、香港と違って台湾は三〇〇キロの海を隔てた海上にあり、中国の軍事力では、簡単に攻撃し占領することはできない。とくに台湾が独自の強力なミサイル戦略を保持していることや、そのミサイルを使って抑止、破壊戦略を練り上げていることは、習近平側もとっくに調べ上げているはずである。

そうした情勢のなかで、台湾をめぐって中国が露骨な軍事行動を起こす可能性は、あまりないと私は思っている。台湾側の強力なミサイルによる抑止破壊力、そして戦乱が長引いた際のアジア極東におけるシーレーンの混乱などを考えると、台湾の問題が、ジョー・バイデンにとって新しい重荷になる可能性はかなり低いと見て良いであろう。

このような多くの問題を考え合わせると、バイデンがトランプ大統領の練り上げた強い対中国政策を、国内政治の動きに乗って大きく変えることは難しいように思われる。しかしながらこの問題は、このあとでも触れるが、中国との関わりが強く、「米中同盟」を主張したオバマ官僚群がワシントンに戻ってくることによって無用な摩擦と緊張をつくりだすことは避けられないと思われる。

アメリカのマスコミは「バイデンによってトランプの強硬な対中国政策が変わるであろう」と簡単に述べているが、そうした世論づくりはこれまでの例が示しているように、習近平のプロパガンダであると疑うべきである。

トランプからバイデンに政権が移譲された結果、アメリカ国内の社会主義的な政策が顕著になり、福祉費や生活保護費などが急速に増え、他方、国防費の減額などが行われてくることになる。

そうなった場合にはアメリカに、また新たな混乱と緊張が生じてくることになるが、アメリカ国際戦略の基本である対中国強硬政策がジョー・バイデンのもとで簡単に変更されるとは、私には考えづらい。

第二部　台湾はミサイルで中国の侵略に対抗する

二〇二一年、アメリカのバイデン政権の成立を好機として中国の習近平は、懸案になっている台湾占領を目標とする軍事行動を始めるものと予想される。これはアメリカ海軍やアメリカ太平洋軍の情報担当者の分析によるもので、習近平はバイデン政権がこれまでのトランプ政権とは違って、台湾を守るために断固とした姿勢をとることはないと考えている。

こうした習近平の考え方、情報がある程度正しいと多くの人は考えているが、習近平の目論見が予期されたようにうまくいくとは限らないという見方も、アメリカの専門家のなかで有力になっている。

習近平が台湾に対する軍事行動に踏み切る最大の理由がジョー・バイデンにあることは、間違いがない。ジョー・バイデンが中国と深い関係を持ち、息子のハンター・バイデンが中国に買収されてしまっているのは紛れもない事実である。

そういった情勢のなか、習近平が懸案になっている台湾占領に動き出す。早ければ二〇二一年中と推定されるが、習近平が台湾海峡を越えての大がかりな上陸作戦を練っていることはよく知られている。

習近平は中国の海軍力増強に力を入れている。東シナ海の占領や、尖閣列島に対する介入、そしてその延長線上として、台湾海峡を越えての台湾占領を目論んでいるからである。アメリカ国防総省の中国軍事体制分析レポートは、次の点を指摘している。

「これまで中国が台湾占領に踏み切れなかったのは、三つの問題があったからである。まず、強力な陸軍部隊を搭載する輸送船団が不足していた。二番目に、台湾海峡を越えて上陸作戦を行うための準備ないし訓練を十分に行ってこなかった。三番目に、アジア極東に展開する強力なアメリカ海軍に対抗する海軍能力を持ちえなかった」

アメリカ国防総省の専門家によれば、この三つの問題を解決するために習近平がとくに力を入れているのは、台湾海峡を押し渡って攻撃部隊を上陸させるという作戦である。

確かに一九五〇年代、金門馬祖の戦いといわれる中国の台湾攻撃計画は、大量の陸軍部隊を送り込むという計画がなかったために失敗に終わってしまった。現在の中国は、一〇隻以上の揚陸用舟艇や、さらに二〇隻近い強襲攻撃艦の建造を急ピッチで進めており、あと一年もすれば台湾海峡を越えての上陸作戦が可能になる。

中国はこういった上陸作戦を支援するため、すでに航空戦力の強化にも力を入れており、アメリカのＦ35に対抗するステルス攻撃機Ｊ10などの大量生産を始めている。こうした動きは、懸案になってきた台湾への軍事行動を早急に実施しようという中国側の意図を明確に示している。アメリカ海軍の専門家は次のように述べている。

「軍事面だけを考えれば、中国は台湾海峡を越えての上陸作戦を行う戦力を保有するに至っている。そのための軍事訓練も行われている。軍事的に見てようやく、中国の台湾上陸作戦が可能な状況になっている」

こういったアメリカ軍上層部の考え方に対抗して、アメリカ太平洋軍などの第一線の専門家たちの考えは、やや異なっている。その理由は、台湾側がすでに最新鋭のディーゼル潜水艦などの大量生産に成功していることや、優秀な中短距離攻撃ミサイルを開発し実戦配備しているからである。

こうした現場の分析を詳しく見てみると、現在ジョー・バイデンの登場によって政治的には有利な立場に立った習近平や中国海軍がこのまま台湾占領戦争を始めたとしても、成功させるにはいま一つ不安な要因があることを示している。

とくに台湾側がドイツの協力を得て、ディーゼル型最新鋭潜水艦の建造に成功したことが注目される。ドイツが第二次大戦以来、通常型潜水艦の開発に力を入れていることはよく知られてきたが、台湾がすでに大量のドイツ型の通常型潜水艦の建造を始めていることについての明確な情報はなかった。

ところが最近のアメリカ海軍の報告によると、新しいドイツの通常型潜水艦の建造は技術的に容易で、台湾の技術力でも十分に大量生産が可能になったと見られている。

そのうえ、ドイツは優勝なソナーや、魚雷の開発にも成功しており、台湾側が密かにそういった新しい新兵器の購入や製造に成功していることは間違いないと見られている。

アメリカ太平洋軍の報告によると、台湾はすでに開発の終わっている射程三〇〇〇キロ以下の中距離ミサイルの大量生産に取りかかっており、中国の強力なミサイル攻撃網に対する抑止体制を整えつつある。

この点については私自身、台湾国防大学の幹部にアメリカの海軍戦略について教えていた頃からも多くの情報を得ていたが、台湾は独自のミサイルによる抑止戦略の強化に非常に熱心である。

台湾はミサイルによる防衛体制や、中近距離ミサイルによる抑止戦略について、あまり多くを語っていない。しかしながら消息筋によると、台湾側は中近距離ミサイルによって、中国本土の三峡ダムを破壊することを含め、抑止体制を十分に整え終わっている。

習近平は近頃では態度を変え、台湾の軍事施設だけでなく、民間の施設なども攻撃する体制を整えつつあるといわれているが、台湾が抑止体制を完備すれば、ミサイルによって台湾の民間施設を自由には攻撃できなくなる。

習近平が台湾攻撃にこのところ熱心になっているのは、中国国内政治の動向が不安定になっているからだと思われる。習近平は中国国内の政治情勢についてあまり懸念していないといわれているが、現実的に考えると、中国はアメリカをはじめヨーロッパへの輸出が急速に減っているうえ、「一帯一路」と呼ばれる全世界的な貿易輸出体制計画も行き詰まっている。

そのうえはっきりしているのは、中国のウィグル民族に対する民族絶滅計画やチベット文明破壊などといった非人道的な行動に対してヨーロッパが強く反発していることである。

習近平は、恐る恐る始めた香港合併という非常手段が恐れていたような政治的な危機を生じることもなく、国内の政治体制を強化するのに役立っていると評価しているようである。このこともあって、香港に次いで台湾の占領などということも考えたと思われる。しかしながら現実には、多くの難しい問題を抱え込んでおり、できうるかぎり早い時期に国内体制を安定させるためにも、断固とした措置が必要となっている。

習近平の台湾攻撃は、アメリカがトランプ大統領の強硬政策をとり続けているかぎりはほとんど不可能だといわれてきた。とくに習近平が台湾に対する軍事行動を成功させたとしても、アメリカが全力をあげて軍事的な対抗策をとった場合には、軍事占領という危険を冒してまで手に入れた状況が、実は絵に描いた餅になってしまう。

このことは習近平が台湾を制圧するにあたって、軍事力を使わないことを前提にして、中国の長老たちを説得していたことと平仄が合う。アメリカが中国の台湾の軍事占領に断固として反対した場合には、占領作戦そのものの意味がなくなってしまう。

中国はアメリカの軍事力を基本的には怖がっており、軍事的なアメリカとの対決を極力避けようとしてきた。その証拠がオバマとの友好関係であり、中国とアメリカの軍事同盟構想であった。ジョー・バイデンの登場はそういった中国の立場からすると、極めて得難いチャンスだと言うことができる。

習近平がいま環太平洋経済連携協定（ＴＰＰ）への参加に熱意を示し、ＲＣＥＰと呼ばれる新しい地域貿易協定に積極的に協力しようとしているのは、一方で台湾の軍事占領というムチを振るいながら、形のうえではそういったムチを使わないで、経済的な利益を手にしようと考えているからである。

しかしながらこういった習近平の構想、考え方というのは、基本的なところで間違っている。すでに述べたように台湾は、優れたディーゼル型の潜水艦や中短距離ミサイルの実戦配備をし終わっており、日常の戦闘でアメリカの援助を期待しなくて済む、独自の安全保障体制をつくりあげている。

台湾に対する中国の軍事行動は、中国の軍事的な優位に焦点を当て過ぎたもので、台湾側が優れた通常潜水艦隊や、中長距離、中短距離ミサイルによる抑止体制を完備していることを考えに入れていない。

習近平が台湾を占領しようと軍事行動を起こした場合、ジョー・バイデンの融和的な弱い姿勢とは関わりなく、台湾が独自の軍事力で十分な抑止体制をつくりあげているという事実が重要になる。

習近平は、台湾占領を目論んだ軍事行動について宣伝や脅しを強化しているが、具体的には何一つ準備が進んでいない。現実問題として考えれば、習近平が宣伝しているほどには、台湾の危機というのは明確ではない、ということである。習近平にとって台湾というのは、独自の抑止力を持った強い体質の存在であり、南シナ海や尖閣列島とは異なっている。

第三部　台湾海峡の戦闘は中国貿易を破壊する

中国が台湾を占領するという情報を世界のマスコミが流しているが、これは台湾を脅すための中国による戦略的な情報操作である。

習近平は「中国の人民代表者会議で、軍事力を使わずに台湾を解放し、中国のものとする」と大見得（おおみえ）を切ったことがある。このことは、習近平が軍事力を使わずに政治的力による台湾合併を狙っていると受け取られたが、軍事的な現実問題を考えると、習近平が述べたことは宣伝というよりも、紛れもない事実である。

前の部で述べたように、台湾は軍事能力を飛躍的に強化しており、中国の軍事的侵略に十分対応する力を持っている。逆に言えば台湾で軍事力による侵略を行うことは、習近平にとっては敗北を意味する。台湾海峡が戦争状態になれば、中国経済は壊滅的な影響を受けることになるからである。

台湾海峡で軍事的衝突が起きた場合、戦いが長引くことが予想されるが、そうなれば、幅三〇〇キロあまり、南北ほぼ数百キロという台湾海峡全域が戦闘地域になってしまい、アジアの海上輸送が大混乱することになる。

アメリカ海軍大学やアナポリスの海軍研究所が作成した台湾海峡における戦争のシナリオは、台湾海峡で戦争になった場合、戦闘が長期間にわたり、アジアの海上輸送全体が大混乱すると予測している。

これについてはアメリカ第七艦隊も強く懸念しており、中国の反対にもかかわらず、空母や海上艦艇を使ってたびたび、台湾海峡で軍事訓練を繰り広げている。私もこの訓練に何度か参加したが、その際に知り得たのは戦争のシナリオについてはっきりしていることが三つあることだった。

一つは、中国が台湾を攻撃した場合、実質上の戦場は台湾海峡になり、戦争状態がかなり長いあいだ続くことである。その最大の理由はすでに述べたように、台湾側が多数の潜水艦や中短距離ミサイルを保有し、台湾海峡を軍事的に封鎖する能力を完璧に持っているからである。

中国側は、新しい攻撃手段として強力な輸送艦隊を台湾海峡に送り込み、台湾を侵略する地上作戦に力を入れようとしている。アメリカ側の推定によると、中国が台湾を占領するために送り込もうとしている陸軍部隊は最小でも五個師団、ほぼ一五万の兵力で、それと共に戦車、ミサイル、大砲などの重装備を同時に送り込もうとしている。この上陸作戦にはこのところ中国が開発に全力をあげている上陸用空母や強制上陸用舟艇など、合わせて五〇〇隻以上が投入される。

このほか、小型の貨物船や漁船なども動員されることになっており、中国沿岸と台湾を結ぶほぼ南北数百キロ、幅三〇〇キロの海域は、一大軍事作戦地域になる。しかもこの台湾海峡の戦闘は、中国側が予定している十日や一カ月では終わらない。

台湾側は中国が送り込んでくる上陸用舟艇や小型空母などを航空機やミサイルで攻撃するだけでなく、強力な潜水艦隊を使って沈めようとする。しかも、台湾側は潜水艦を台湾半島の周りに密かに配備しておくだけで十分な攻撃的戦力を持つことになり、中国側の攻撃部隊は台湾側の凄まじい量の防衛部隊の攻撃を受けることになる。

こうした台湾海峡周辺の第一次防衛線に加えて、アメリカや日本など自由諸国の海軍艦艇が、南シナ海から東シナ海、台湾の周りを取り囲む形での防衛網をつくりあげようとしている。

とくにアメリカ第七艦隊は、グアム島やフィリピンのスービックを基地として三つ、ないし四つの機動艦隊、合わせて十数隻の海上艦艇と小型艦艇による防衛体制をつくろうとしている。その結果、台湾という小さな国は自らの海軍力だけでなく、アメリカ第七艦隊をはじめ自由諸国の海軍艦艇による何重もの防衛態勢をとることになる。

こういった軍事態勢が十日や二十日で終わればともかく、一カ月、ないしは二〜三カ月と続くことになれば、アジア太平洋の海上輸送体制は完全に麻痺（まひ）してしまうことになる。そうなれば中国の輸出入が制約されるだけでなく、日本やアメリカといった強力な資本主義体制の海上輸送路が大きな損害を受けることになる。そうなった場合に、何が起きるのか。アメリカ第七艦隊の首脳はこう言っている。

「台湾周辺の海上輸送路が麻痺すれば、その状態は直ちに太平洋の海上輸送路に大きな影響を与えることになる。その状況は太平洋だけにはとどまらず、インド洋からペルシャ湾、そして地中海にも波及し、世界の海上輸送体系に大混乱が生じることになる」

その影響を被るのは中国だけではない。北極圏からの石油や資源、海産物の輸送が支障をきたすことになると、アジアの国々はエネルギーや食料の供給に、大きな影響を被ることになる。そうした状況になれば、イランをはじめ中東の国々やアフリカの国々も、中国に対して報復措置をとり、世界的な大混乱が生じてくることは避けられない。

中国はしきりに「台湾を侵略し合併する」と嘯いているが、こういった世界的な海上輸送の危機をどこまで真剣に考慮しているのか明らかではない。それでなくても中国という国は目先の混乱に対応するためには、十分すぎるほど準備するにもかかわらず、世界規模で起きてくる問題に対応できる体力を持っていない。つまり、世界の国々が、世界中の海上輸送路を自衛するべく本格的な動きを始めるにあたって、中国の能力不足が一挙に露呈することになる。

アメリカの世界戦略は、実はいま述べたような状況にどう対処するかがその中核になっている。そのためにアメリカは、基本的には一二隻の空母を中心に一二の機動艦隊を維持し、全力をあげて世界情勢の安定化に力を入れている。

中国はこうしたアメリカ、さらには台湾側の堅固な体制に対応する軍事力をまったくと言っていいほど持っていない。台湾に対する軍事侵略は、習近平や中国の指導者たちが考えているようなレベルでは済まない極めて重要な問題を含んでいる。最も重要な問題は、中国が台湾海峡で戦争を始めた途端、国連をはじめ多くの世界の国々が中国に対して制裁措置をとらざるをえなくなることである。

中国は香港の侵略で成功を収めたことから、事態の深刻さを見失ってしまっている。中国の指導者が忘れている極めて重要な事実は、中国がいくら台湾を中国のものだと主張しようと、国際常識に従えば、台湾は中国のものだとは言い難い。

その最大の理由は、いまの世界で、ある領土を自らのものだと主張するためには、自らの軍事力で一定期間以上占有し、政治体制を確保しなければならないことになっているからである。これは国際法の重要な基準となっている。

中国は台湾を物理的に占有したことはまったくない。第二次大戦後、中国国内で毛沢東の共産軍と戦った蒋介石を指導者とする勢力が台湾に逃げ込み、国家を設立した。ところが中国を国際社会に引き込むにあたってアメリカが、あたかも国際的な既成事実のように、台湾は中国のものであると決めたのである。

中国に対して初めて正常な政策をとりはじめたトランプ大統領が「誰がいったい、台湾を中国のものだと決めたのか」と疑義を唱えたことによって、この問題が表面化した。台湾を中国のものだと決めたのはアメリカである。アメリカは、中国が力で台湾をある一定期間以上保有し、政治体制をつくりあげたのでなければ、中国のものとは言えないという国際法の基本に違反したのである。

中国がいま、軍事力で台湾を占領しようとしているのは、そういった国際的な常識に則って、台湾は中国のものだと世界に認めさせようとしているのである。だが中国は遅すぎた。

台湾はいまや独自の支配体制を確立し、自らの力で台湾という地域を安全に存立させ続けている。その台湾を中国が軍事的に占領することは、まさに国際的な常識を破壊する不条理な行動に他ならない。中国が強いてそうした不条理な行動をとれば、自らの貿易体制を崩壊させるような大混乱を世界の輸送体制に及ぼすことになる。

中国の台湾軍事占領というのは、こういった現実を見ただけでも、まったく不可能である。いったん行動を起こした場合には、中国という国の存続の基本である、貿易による世界経済体制を自ら破壊することになる。

第四部　ヨーロッパの民主主義が台湾を助ける

中国経済についてはあまり正確な情報がないために実態が掴めず、どの国も困っている。客観情勢から見ると中国経済は縮小し、崩壊しつつあると思われるが、中国政府は必死になってそういった情報を隠し続けている。

中国経済は、中国がどのような言い方をしようとも、対外貿易によって成り立っており、アメリカの協力によってのみ拡大が可能であった。中国政府はコロナ騒ぎのなか、あるいはアメリカの圧力のもとで、中国経済が拡大し続けているというデータを発表し続けており、世界的に見てもあまり危機感はないようである。

中国は、アメリカやヨーロッパとの貿易に支障をきたしていることについても口を閉ざしている。国営企業によって安い物を大量に生産し、ダンピング輸出を行って資金を稼ぎ出すやり方が通らなくなってしまっていることも隠している。私の知り合いの中国人はこう言っている。

「中国からアメリカ、ヨーロッパへの貿易が減っていることははっきりしている。このためいま中国は、東南アジアとの貿易を拡大しようとしている。基本的に東南アジアとの貿易によって経済力を拡大するつもりでいる」

しかしながら客観的に見て、東南アジアの経済力はアメリカやヨーロッパ、日本と比べると極めて貧弱なものである。「東南アジア」とひっくるめて呼んでいる地域は、ベトナム、ラオス、カンボジア、シンガポール、インドネシア、マレーシア、タイ、ミャンマー、フィリピンの九カ国である。そのうち資源を含めて経済力が大きいと言えるのは、インドネシア、マレーシア、それにベトナムの三国に過ぎない。

東南アジア九カ国合わせてのＧＤＰはヨーロッパ、アメリカとは比較にはならない。この九カ国に加えて考えられるのは、日本、韓国、台湾、オーストラリア、ニュージーランド、それに加えるにパキスタンなどであるが、日本と韓国を除けば、政治的に中国が自由に貿易を行うことができる関係にはなっていない。

中国はアジア太平洋の国々に対して盛んに接近策を試みているが、アメリカやヨーロッパと対立しているなかでは容易なことではない。しかも南西アジアについてはインドの存在が大きく、中国の経済圏を自由に広げるわけにはいかない情勢である。

このように中国が世界中から締め出される状況になっているのは、中国が推し進めている非人道的な政策や、武力的な侵略政策のせいである。中国は自ら鎖国的な体制を強化している。そういったなかで、貿易や生産が大きく伸びる可能性は極めて少ない。

現在の中国の経済状況は、中国政府の発表よりも著しく悪化している。その事実は、中国の対外債務、借金が急速に膨れ上がっていることを見れば明らかである。中国政府は発表を拒んでいるが、中国の国営企業はバブル的な経営の結果、財政状態が非常に悪くなっており、社債の利息や配当を払えなくなっている。

この問題については中国政府が厳しい緘口令（かんこうれい）を敷いているが、ウォール街の関係者は、債券の配当、利息の支払状況から見て、中国の企業は危機的状況にあると判断している。中国経済の停滞は、中国の石油や天然ガスなど、エネルギー源の消費が増えていないことに表れている。中国は世界のモノづくりチェーンとしての機能を失いつつある。

中国側は環太平洋経済連携協定（ＴＰＰ）や、新しくつくられた東アジア地域包括的経済連携（ＲＣＥＰ）に積極的に参加しようとしている。だが、この二つの組織に参加している国々は、安全保障面でアメリカの保護を受け、ドルによってビジネスが成り立っている。

これまで中国の習近平は「アメリカとは事を起こさない」という政策のもとで、アメリカとの関係を良好に保ち、経済の拡大に全力をあげてきた。中国経済の拡大は安全保障との関わりを見ると、日本と同じような体質を持っているとも言える。

そうした中国が習近平のもとで軍事力を強化してアメリカと対決するだけでなく、非人道的な政策をとったことで、ヨーロッパにも受け入れられなくなっている。中国経済は、破産の道を歩んでいるとしか言いようがない。

そうした危機的な状況を習近平は、ジョー・バイデンという中国派をアメリカ大統領にすることで、一挙に挽回しようとした。だがこれまでも見てきたように、ジョー・バイデンという政治家はあまりにもスキャンダルまみれで、中国との薄暗い関係はすでに多くの人々の注目を集めている。

アメリカのマスコミに莫大な資金を与え、ジョー・バイデンをアメリカ大統領にした中国は、その見返りを当然手にできるものと期待している。世界の人々もトランプ大統領の厳しかった中国政策が大きく変わる可能性があるという見方をしている。しかしながら、退任間近になってトランプ大統領は、バー司法長官と、ウェイリーＦＢＩ長官にジョー・バイデンの収賄問題を掘り起こし、厳しく調査するよう命令した。

スキャンダルというものはそう簡単に消えるものでもなく、まして消せるものでもない。新しく登場するバイデン大統領は、中国との汚職絡みの疑いを強く持たれてホワイトハウス入りする。

ジョー・バイデンがホワイトハウスに入るやいなや、これまでのトランプ政権の厳しい対中国政策を葬り去って融和的な政策をとり始めたりすれば、直ちに中国との汚職に結びつけられて非難の声が沸き起こることは避けられない。

トランプ政権は中国のダンピング輸出を厳しい関税政策によって阻止し、先端技術の盗用を防ぐために、中国からアメリカの大学に入り込もうとする学者や留学生を厳しく制限する政策をとった。

中国の公安と密接な関係にある先端情報企業のファーウェイに対して処罰的な措置をとり、各国にも協力を要請した。バイデン新大統領は、そうしたトランプ政権の対中国政策をとりやめることはできない。国民から強い反発を受け、二〇二二年の中間選挙に影響が出ることは必至である。

もう一つ、バイデンにとって深刻になりつつある問題は、習近平が推し進めている非人道的な少数民族圧迫政策に対して、民主主義陣営のヨーロッパ諸国が強く反発し、貿易制限の措置をとり始めたことである。

習近平の少数民族弾圧政策は、ウィグル族抹殺計画までエスカレートし、ドイツナチのユダヤ人抹殺と並ぶ残虐な行動であると非難されるようになった。それと同時にこれまでは見過ごされてきたチベットに対する弾圧政策も大きく表面に出てしまった。

すでに述べたように、ヨーロッパの人々が、こうした中国の反人道的な政治を厳しく非難するようになった背景には、中国が共産主義の専制体制のもとで、国営企業を操り、安い製品をつくり、世界のモノづくりチェーンを独占しようとしていることに対する反発がある。

中国の輸出ダンピングによって仕事を奪われたと考えている労働組合をはじめとするヨーロッパのリベラル派が反中国の火を煽ったことにともなって、中国貿易を制限する動きが高まっている。

ジョー・バイデンは、選挙中から独自の外交政策や戦略を持っていないといわれてきた。したがって結局はオバマ政権の外交戦略、とくに中国については、友好的な政策を踏襲するだろうと思われてきた。しかしながら結局のところは、いま私が述べたような理由から、ジョー・バイデンがオバマ政権の対中国戦略を踏襲することは極めて難しい。

ここで中国について私が強調したいのは、いまやアメリカの人々が「中国は悪者だ」という強い認識を持ち始めたことである。ところがアメリカの軍人や専門家たちは中国を発展途上国扱いし、経済分析家も同様に中国を取り扱ってきた。このため中国の南シナ海の侵略なども、深刻な脅威として受け取ってこなかった。

しかしながら、こうした情勢は大きく変わりつつある。すでに述べたようにヨーロッパが中国に対して決別宣言に近い姿勢をとるようになったことで、ヨーロッパを宗主国とするアメリカの反中国の趨勢が拡大している。

ヨーロッパの反中国の動きは、労働問題も絡んで複雑なところがあるが、アメリカの人々は率直に「中国は悪者だ」というレッテルを中国に貼り、そうした国に世界のモノづくりチェーンを任せるべきではないと考えている。

バイデン政権には旧オバマ派の官僚が大勢、登用されているが、バイデン大統領が、そうした官僚たちの主張に従って中国に対するトランプ政権の厳しい政策を変えてしまおうとすれば、必ずアメリカ国内で強硬な反対が起きる。

いまの時点で予測できるのは、中国とジョー・バイデン政権の話し合いがこれまでのトランプ政権下のものとは違った雰囲気になることだが、トランプ以前の関係、オバマ政権時代の中国友好政策がそのまま戻ってくるのは難しい情勢である。

今後、バイデン政権の対中国戦略について政権内部、さらにはアメリカ国内でさまざまな論議が始まるが、「中国は悪者」という考え方がアメリカの人々の心の中に住みついてしまっていることは間違いない。

第五部　アジア経済は中国を助けられない

中国と中国経済にとっていま最も障害になっているのは、国際社会で中国の勢力基盤となっている発展途上の国々が、新型コロナウィルス災害で経済的な大打撃を被り、中国経済を助けるどころか、むしろ重荷になっていることである。

後進国から、発展途上国と名前は変わったものの、あらゆる点で遅れていると思われている国々はこれまで、集団的な力をふるって先進国と戦いを続けてきた。

何年も前のことであるが、ニューヨークの国連を取材したことがあった。担当した期間は記者生活のなかの二〜三年で長いとは言えないが、いま思い起こすと、国連は当時すでに、アジア、アフリカ諸国に占領されていた。ヨーロッパ諸国に植民地にされたりアメリカに実質的に植民地扱いされたりした国々は、国連という場で、かつての宗主国と戦っていた。

私はＮＨＫという、いわば日本の国有企業に近い報道機関にいたため、国連総会場でも特別扱いを受け、野球場で言えばネット裏の審判のすぐ後ろ、国連で言えば議長の席のすぐ後ろにスタジオを与えられていた。

その場所から観察していた国連は、昭和三十年代でさえアジア、アフリカのもので発展途上国の政治のひのき舞台であった。アジア、アフリカ諸国は当時七七カ国という膨大な数で、国連加盟国の半分に近かったが、いま国連のアジア、アフリカ勢力を引き継いでいるのが、発展途上国一一カ国である。

その一一カ国の名前を挙げてみると中国を筆頭に、インド、ブラジル、インドネシア、メキシコ、フィリピン、ロシア、南アフリカ、タイ、トルコ、ベトナムの一一カ国である。この一一カ国の経済状況はいずれも芳しいものではなく、ほとんどすべての国が二〇一九年、コロナウィルス騒ぎが起きて以来、経済が縮小している。

こうした発展途上国の中核とも言える国々、中国を除く一〇カ国は、中国製品を大量に買い入れ、同時に中国に対して石油や天然ガス、鉄、ボーキサイトといった資源を輸出している、いわば経済同盟国である。

とくにアジア、アフリカ七七カ国の中で、経済力の大きな一〇カ国、つまり中国を除いた主要一〇発展途上国の経済は、二〇一九年のコロナウィルス騒ぎ以前、二〇一八年から大きな赤字に悩んでいる。二〇二一年、赤字はさらに増えると思われる。

経済専門家の多くは、発展途上国の赤字は構造的な経済不況によるもので、今後二〇三〇年にかけて赤字は増え続けると予測している。ＩＭＦの調査によると、世界経済の大きな部分を占めている発展途上国、とくに中国を含めて一一カ国の経済状況はすでに破産状態にある。経済が行き詰まっているうえに、コロナウィルス対策費が嵩み、政府の財政が破綻している。

「発展途上国の主要な国々は、ＧＤＰ比との比較で、政府関係予算の赤字がすでに一〇〇パーセントを超えており、これから毎年その比率は高まり続ける一方だ」と専門家は予測している。

二〇二〇年度末に予測として挙げられている政府の赤字、借金の数字は以下のようなものである。

ブラジル＝一〇一・一パーセント、中国＝六一・七パーセント、インド＝八九・三パーセント、メキシコ＝六五・五パーセント、南アフリカ＝七八・八パーセント。主要発展途上国の平均の借金率はＧＤＰ比で六二・二パーセント、二〇二一年にはそれが六五パーセントに増えると予想されている。

この債務の拡大、借金の拡大に並行して、発展途上国のＧＤＰはすべての国でマイナス成長になっている。二〇二〇年の統計ではＧＤＰの比率でブラジルがマイナス一四・七パーセント、中国がマイナス一〇・二パーセント、インドも同じようにマイナス一〇・二パーセントとなっており、発展途上国一一カ国の平均では、経済は二〇二〇年にほぼ一〇パーセント縮小した。

こうした発展途上国の莫大な借金とバランスをとるために、アメリカをはじめ先進国は低金利政策と通貨の流通高の拡大に力を入れており、その結果として、暴落しても当然であるアメリカのドルが依然として高値を続けるという、皮肉な状況になっている。

こういったデータを辿ってみると、中国経済の今後の見通しはきわめて暗く、いまや発展途上国の一つとして破産せざるをえない状況に追い込まれている。中国は発展途上国にも輸出ができず、アメリカ、ヨーロッパからは門戸を閉ざされてしまっている。

そういった危機的な状況というのは、発展途上国一般に共通しているが、中国政府とアメリカの一部専門家は、中国の経済危機については、これまでも述べてきたように、ほとんど口を閉ざしてしまっている。

言うまでもないことであるが、中国が発展途上国にランクされていることは、国内の政治体制やそれに伴う経済体制が発展途上国の状態にあることを意味している。発展途上国の基本的な性格は、自由経済や自由貿易を行うことができず、あらゆる面から政府主導型の行動に頼りきっていることで、その体質が新しい消費を生むのを妨げ、経済全体を停滞させている。

これまではアメリカ、ヨーロッパ、日本など先進国家の資本主義的な動きが世界を引っ張り、新しい需要をつくりだすとともに、発展途上国の生産を増大させてきた。中国にその代わりを務められるはずがない。

中国の共産党一党専制主義体制というのは、極めて不自由な体制であり、あらゆる行動を共産主義の官僚が動かしている。いまアメリカやヨーロッパから締め出された中国は、東南アジアを相手に経済を拡大したいと考えているが、共産主義体制のもとでは、外国への進出は侵略でしかない。自らを豊かにし、外国も豊かにしよう、という発想はどこにもないのである。

中国がいまTPPやRCEPに対して熱心な関心を寄せているのは、自分たちの利益を増やすために、そういった組織を利用して輸出を拡大し、自分たちだけを豊かにしようと目論んでいるからである。中国がアメリカやヨーロッパの代わりにアジアの国々と貿易を行い、世界を豊かにすることはありえない。

すでにデータで示したように、世界主要発展途上国一一カ国の経済は今後も停滞を続ける。結論的に言えば、アメリカやヨーロッパから締め出される中国が、東南アジアの国々との貿易を増やすことによって中国経済や世界の経済を拡大させることはほぼありえない。中国経済が共産主義体制という特殊な政治形態のもとに、世界と対立するという思考様式を推し進めれば、極めて不幸な状況に陥れてしまう。

アメリカは政治的なさまざまな混乱のなかで経済力を拡大し、豊かな暮らしを世界中に広げてきた。アメリカの資本主義は、各国の富を収奪し、自らの国だけを豊かにしようとした植民地主義の考え方と大きくかけ離れている。

アメリカは、自由な行動と自由な思考によって欲望を満たしながら、経済力を強化するという資本主義的のやり方で、結果的には多くの人々を豊かにしている。

中国では、共産主義体制という偏ったイデオロギーのもと、少数民族が強制収容所に押し込められ、異民族文化が抹殺されている。そうした弾圧的な政治行動のなかで人々の思考は停止し、新しいものが生まれず、経済が拡大しない、というのが中国の現状である。そういった矛盾した状況のなかで、中国共産党体制を世界の資本主義に対抗するものであると考え、独自の体制を強化しようと侵略的な行動に走っているのが、習近平である。

いま、アメリカでは無秩序な政治状況の中で経済が拡大し、一方の中国では、侵略的な政治体制のもと、経済に行き詰まっている。この二つの対照的な状況を米中対立という極めて矮小な思考の中に閉じ込め、理解し、対応しようとしている日本の一部の動きは、世界人類の大きな進歩という点からすると、間違っていると言わざるをえない。

現在の日本では、アメリカと中国のこういった対立を「米中の対決」という次元で考えようとしている。その背景にはアメリカとのビジネスを拡大する一方では、中国経済を利用して稼ごうという考え方がある。

しかしながら、これまで私が述べてきたように、中国の共産主義というのは、人類の幸福を犠牲にして、政治的なイデオロギーを推し進めようというものである。現在の中国の存在を容認することは、自由な世界を壊すことにつながっている。

習近平が考えている中国経済強化とアメリカとの対決というのは、コロナウィルスよりも危険で悪質な、人類に対する悪意ある攻撃なのである。

第四章 二〇二一年、ウォール街に大暴落が来る

アメリカの東海岸にあるデラウェア州は、ペンシルベニアとニュージャージー、それにメリーランドという、アメリカでも大きいといわれる州の間に挟まった、アメリカで最も小さな州の一つである。

デラウェア州の首都ドーバーは、地方都市の昔の面影をそのまま残している。市の中央に白い尖塔(せんとう)が目立つレンガ建ての議会と州庁舎がある。アン・ミナー知事時代、インタビューのために訪れたが、州議会周辺の並木通りには人影もなく、ひっそりとした佇まいだった。デラウェア州は、アメリカの化学産業の代表であるデュポンが支配している。州の税収入のほとんどすべてをデュポンが払っている。このデラウェア州選出の議員として長いあいだアメリカ上院に在籍してきたジョー・バイデンは、もともとは隣のペンシルベニア州で生まれた。父親は事業に失敗し、バイデンが生まれた頃には定職がなかった。バイデンは、父親がフィラデルフィアの市電の運転手をしたことがあるのを売り物にして、庶民の味方を旗印としてきたが、実際には父親はその後デラウェアで、中古自動車のセールスマンとして成功し、家族は中流生活を送った。ジョー・バイデンには上院議員としてあげた業績はほとんどない。オバマ大統領のもとで副大統領となり、上院外交委員会のコネと経験をもとにオバマ政権の外交専門家として世界中を走り回ったが、その割には、さしたる功績があるわけではない。

何ら特徴のないデラウェア州ドーバーの佇まいと、ジョー・バイデンの政治家としての経歴は、ともに現在のジョー・バイデン政権の在り方にはふさわしい組み合わせであり、雰囲気であるように思われる。

第一部　アメリカの住宅産業が崩壊する

ウォール街の株価が乱高下しているが、基本的には上がり続けている。なかでも目につくのは、テスラやエレクトラメカニカなど、三つの電気自動車関連の株の値段が上がり続けていることである。テスラは、あっという間に七〇〇ドルを超えてしまった。

さらに目立つのは、電子通貨ビットコインが三万ドルという値段をつけたことである。一時は振るわなかったインターネット企業の株価も、軒並み上がり続けている。こうした企業は、通常の企業のように資産や財貨を所有しているわけではなく、単に新しい技術によってのみ株価が高騰している。

このようにウォール街では、これまでと違った株価の目まぐるしい動きが目立っているが、その一方で企業における仕事のやり方が大きく変わった。「テレワーク」と呼ばれているインターネットを使った働き方が中心になり、社会生活に大きな変化をもたらした。

その結果、ニューヨークやボストンといったこれまで多くの人々が住み働いていた地域から多くの人々が、税金が安くて土地や建物も高くないフロリダやテキサスに大移動を開始している。同時に目立っているのが、アメリカ経済の中核になってきた中流階級の人々が大勢、住宅のフォークロージャー、つまり破産宣告を行っていることである。

こういったウォール街や金融界の情勢は、今後さらに一段と酷（ひど）くなってくることが予想される。電気自動車企業の株価やビットコインの値段の異常な高騰に表れているように、アメリカの人々は資産に対する平常心を失ってしまっている。

ウォール街で株価、とくにこれまでと違った企業の株価が急速に上昇していること、中流階級の人々が住宅ローンの支払いができず破産宣告をしていること、さらには超低金利の時代がいつまで続くか予想がつかないことなどがアメリカ社会の混乱を拡大させているが、やはり最も目立つのは、テレワークの増大とそれに伴うアメリカのコミュティの崩壊である。

つい最近、私が長いあいだ知っているテレビの編集技術者が、長く暮らし愛していたマンハッタンを捨てて、フロリダのフォートローダデルへ移っていった。フロリダ最大の都市マイアミから数十キロの豊かな地域で、気候が温暖で土地が安く、暮らしやすいのでよく知られている。

この知人は、フロリダに移ったあとも、コンピュータで千数百キロ離れたニューヨークやロスアンジェルスの客と連絡をとり合い、画像はオンラインで送ってもらって編集の仕事を続けている。

日本で言えば、九州や沖縄でコンピュータを使って東京の仕事を請け負っているようなものだが、最近の彼からの連絡によると、遠く離れた場所にいることが仕事に支障をきたすことはまったくないという。

アメリカではいまや大勢の人々がこの知人と同じように、千数百キロ離れた場所でのテレワークにいそしんでいるのである。アメリカという広大な国では、我が国の在宅勤務とは話の規模が違うようである。

そういった変化のなかで、住宅のフォークロージャーが急速に増大している。アメリカの大規模な社会的な変化が、アメリカ経済の中核になっている中流階級の生活を直撃しているのである。中流階級の住宅破産は社会構造の変革が最大の原因になっている。

ニューヨークやワシントンで住宅を買おうとすれば、数十万ドルから一〇〇万ドルは必要になる。年収一〇万ドルの人々が一〇〇万ドル近い値段の住宅を買うには、ゼロ金利の時代といっても毎月のローンの支払いは数千ドルになる。そのために夫婦であればほとんどが共稼ぎで、「セカンド・ジョブ」と呼ばれるアルバイトに精を出す人も多い。

警察官が企業の警備員として夜中に働いたり、企業の経理担当者が地元の商店の会計を見たりする。私の隣人の女性は、教師の仕事の他に、コンビニや商店のレジや受付で働いている。

これまでアメリカのコミュニティでは、学校に通っている子供たちもアルバイトで自分の小遣いを稼ぐのは普通のことだった。コミュニティにはベビーシッターや芝生刈り、庭の木を下すこと、重い家具の移動など、さまざまな仕事があった。ところが、そういった地方のコミュニティが崩壊してしまった。

アメリカの小売店の多くが店を閉じ、アマゾンをはじめインターネット企業が全米どころか、世界的に商品の販売をするようになっている。こういった社会生活全体に起きている大きな変化が、アメリカの人々の家計を脅かしているのである。

自分の家を持つことは、アメリカン・ドリームといわれてきた。その夢を実現するためにセカンド・ジョブも厭(いと)わずに働き、中流の暮らしと家を手に入れた人々が破産宣告して、泣く泣く金融機関に渡している。

そうしたなかで大勢のアメリカ人が、土地も安く、税金も安いフロリダやテキサスへ移り始めている。こうした状況とアメリカのウォール街の株価の異常な動きを、重ね合わせて見る必要がある。

ウォール街では、これまで重要な資産とされてきたアメリカ優良企業であるGMやGE、エクソン、シティバンク、モルガンスタンレーなどといった企業の株が低迷し、電気自動車や、ビットコインの値段が驚くほど上昇を続けたが、次第にそうした動きが異常なものとして警戒する空気になっているのも事実である。

このことがウォール街の株価の乱高下を招く原因になっているが、いずれにせよその背景には、いま述べてきたようなアメリカ社会の大きな変化がある。ウォール街にいる私の知り合いの専門家は、「株価は新型コロナウィルスのワクチンの普及によってさらに高くなる」と言い始めているが、いまさら大暴落が起きてもらっては困るという、職業的な警戒心に基づいていると思われる。

ウォール街には「いまの状況が当分は続くはずだ」という強い確信があるようだが、私が最も信頼するニューヨークのアナリストは、株が急速に暴落するような事態はあまりないと言っている。その理由は、コロナウィルスのワクチンが少なくとも今年の夏頃には広く行き渡るという見通しがあるからだ。

しかしながら、ワクチンができ、流行がある程度抑えられたとしても、すぐにアメリカ経済がこれまでのように拡大を続けるという見通しはあまりない。アメリカ中流階級の経済力の基本になっている一戸建ての住宅産業が低迷しているからである。破産が急速に増えているのは、その証拠と言える。

アメリカでは経済が順調で景気が良ければ、平均して一年に五〇〇万戸の住宅が売れる。アメリカの総人口三億二〇〇〇万のうち、一戸建て住宅を買うことができる人が年間五〇〇万人いることが、これまでアメリカ経済の基本になってきた。

購入された住宅はそのままアメリカの地方社会を形づくり、中流階級と呼ばれるアメリカ経済の主流になる勢力を形成してきた。こういったアメリカ中流階級と住宅の関わりが、急速に増えている住宅破産の結果、破綻する可能性が強い。

この四年間、トランプ大統領が推し進めてきた積極経済というのは、アメリカ経済の形態を変え、強いアメリカをつくろうとするものであった。だが結局、中流階級の人々が住宅のローンが払えずに破産宣告し、アメリカのローカルコミュニティが崩壊しつつある。

アメリカの人々がいまニューヨークやコネチカット、マサチューセッツといったアメリカ東海岸の州や西海岸のカリフォルニア州を捨てて、フロリダやテキサスに移り住んでいるのは、土地が安いだけではなく、税金も安いからである。

テキサスでは新しい知事のもと、所得税の徴収をやめてさらに多くの人々をアメリカ中から集めようとしている。そうした新しい政治の動きの背景には紛れもなく、安い土地に新しい住宅を建てて住民を集め、新たなアメリカの経済力を確立しようという狙いがある。この狙いがどこまで成功するかは、二〇二一年のウォール街の株価の動向にかかっている。

二〇二一年、ウォール街の専門家が予想しているように、アメリカの株価が順調に拡大し続けるかどうかについては、アメリカの住宅産業の状況、さらに増え続けている中流階級の住宅破産宣告の趨勢、この二つの点に注目をする必要がある。

第二部　再生エネルギーとＡＩはダウを引き上げない

ウォール街のダウ平均が三万ドルを超し、景気動向指標とも言えるＳ＆Ｐの値段も三〇〇〇ドルを大きく超えている。このことはウォール街の専門家から見ると、例のないほどのウォール街の好景気を表している。この状況が急速に終息するとは専門家は考えていない。

こういったアメリカの専門家の予測についてはともかく、ウォール街の株価がトランプ大統領の四年間、基本的には上がり続けたことは事実である。そして上昇を続けた株価がその勢いを保ち、高くなり続けるには、「クリーンエネルギー」と呼ばれる、炭酸ガスを排出せず、地球を温暖化しないエネルギー産業の成長と拡大が必要だといわれている。

そしてもう一つ多くの専門家が期待しているのは、「人工知能（ＡＩ）」という言葉に象徴されている新しい技術である。それに関連して、多くの技術株がこれまた上がり続けている。私の信頼するウォール街の専門家は次のように述べている。

「ウォール街の株価を高くする原動力が二つある。一つは、クリーンエネルギー関連産業だ。そしてもう一つは、人工知能に関連する新しい技術産業である」

ウォール街とその周辺の多くの専門家たちは、このクリーンエネルギー関連と人工知能関連企業がアメリカの株価を今後一段と押し上げる原動力になると期待しているのである。私の知っている金融機関のブローカーも、こう言っている。

「ウォール街の株価は、これからも上がり続ける。その最大の原因は、新しい力が株価を押し上げる仕組みが整っているからだ」

確かにウォール街の株価はトランプ大統領が登場して以来拡大を続けてきたが、その主役は変わってきている。最初は、金融大恐慌のあとオバマ大統領が適切な対応策をとらなかったために拡大しなかった金融関連株である。トランプ大統領の登場はアメリカの大銀行や証券会社の株を軒並み高くすることに成功した。

そのあとが石油産業であり、天然ガス、とくにシェールオイルと呼ばれる炭素エネルギー産業であった。とくにシェールオイルは掘り尽くされたあとの油田から石油を抽出する技術を中心に開発が進み、アメリカの企業生産性を高めることに成功した。

こうした基本産業に続いて、トランプ大統領が拡大に成功したのは自らのビジネスである土地住宅産業であった。これはフロリダやテキサスの経済的な繁栄ぶりによく示されている。そしてそのあとに来たのが、石油産業に関連する農薬の開発や農作機械工業など、農業に関わる産業の拡大であった。

このように、次々に変わってきたアメリカ経済の主役が、今後はクリーンエネルギーと人工知能になるというわけである。だが、これには少し複雑な問題が絡んでいる。いまクリーンエネルギーの話を積極的に持ち出しているのは、中国の習近平である。習近平は中国国内で石炭による火力発電を増やし、炭酸ガスを世界中に垂れ流す一方で、クリーンエネルギーの拡大を主張し続けている。

アメリカのマスコミも習近平に呼応するように、急に地球温暖化を問題にとりあげ、トランプ大統領がパリ協定から脱退したことを追及し、全地球を汚染しているのがアメリカで、クリーンエネルギーを推進しているのが中国であるという主旨の報道を始めた。

中国資金によって強い政治的影響を受けているアメリカの代表的なマスコミは、地球温暖化の危機のなかで、クリーンエネルギーを拡大することが、アメリカの重要な政治目標であると主張するようになった。

習近平はアメリカに対してパリ協定に再び参加するようにと、政治的な圧力をかけ、ジョー・バイデンもそのつもりになっているが、電気自動車の開発に力を入れ、炭酸ガスを発生しないクリーンエネルギーの開発に大きな努力を傾けているという習近平の主張の背後には、大きな政治的意図が隠されている。

すでに述べたように中国は、年間に一〇〇を超える石炭による火力発電所を建設している。中国国内では合わせて三〇〇以上の火力発電所が猛烈な勢いで炭酸ガスを振り撒いているのである。

中国政府の発表によると、中国の発電容量は二〇二〇年三月末で、二〇二四ギガワット、そのうち六九パーセントを石炭の火力発電に頼っている。中国政府のデータによると、全電力の生産高のうち、石炭による発電をこの一年間で八・二パーセント減少させたとしているが、それは嘘である。

現実には、全体のなかの火力発電の比率が少なくなった、という嘘のなかで、石炭による火力発電所の数を増やしている。アメリカのエネルギー調査機関によれば二〇二〇年の時点で、新しく建設されている石炭火力発電所の数は、中国が最多である。

ハドソン研究所のエネルギー問題の専門家は、次のように述べている。

「中国は火力発電を減らすことはできない。石油の輸入に依存する率を減らす、つまり安全保障上の理由がある。また都市部の大気汚染が深刻になったため、都市に近い火力発電所を閉鎖し、その代わりに農村部の火力発電所を増やして電力の不足を補う必要があった。また炭鉱や発電所で、膨大な数の労働者が働いているため、火力発電所を閉鎖することはできない」

クリーンエネルギー推進を主張する習近平は、政治的意図を隠していると述べたが、その第一は、太陽光発電に必要なパネルや風力発電の施設や機材を大量に輸出することである。

オバマ大統領はいわゆる再生可能エネルギーの開発に熱心で、五〇〇億ドルという莫大な予算をつけ、中国から多量の太陽光発電用の液晶パネルや風力発電用の機材を輸入した。しかし実際には、中国製の風車の羽も、太陽熱を集める液晶パネルもうまく作動しなかった。

私はカリフォルニアのパームスプリングス近郊につくられた膨大な量の風車を取材したことがある。このときに話を聞いた風力発電の関係者は、「風が吹いても回らない風車がいくつもあり、メンテナンスに苦労している」とこぼしていた。

太陽熱を集めるパネルも、中国から到着したときにすでに壊れていて、使い物にならなかったものが多かったといわれている。オバマ大統領は、こうした中国からの粗悪品を買い続け、財政的にも膨大な損害を被った。

そのうえ、三つの問題が明らかになった。一つは、太陽熱を収集して実際に大容量の電力をつくりだすためには、機械を動かす膨大な量の石油エネルギーが必要になることである。風車のほうも機材を正常に保つためには膨大な電力と、石油で動かすエンジンが必要で、風力による発電量を超えてしまうところも多かった。

とくに悲惨だったのは、カリフォルニアの太平洋に強風が吹き抜ける砂漠地帯につくられた風車の多くが壊れてしまい、羽の回らない数百本の風車が立ち尽くしているという風景だった。

アメリカのエネルギー関係者たちは、太陽光発電や風力発電用につくられたこうした中国製の不良品がもたらした状況を覚えており、習近平のクリーンエネルギー推進計画に飛びつくわけにはいかないと考えているようであった。

だが中国資金の恩恵を受けているアメリカのマスコミと、中国寄りのジョー・バイデンは習近平にそそのかされるまま、クリーンエネルギーに動き、腰の重いアメリカの担当者や企業を動かすために、中国がアメリカの先を行き、世界のクリーンエネルギー王国の立場を確立しつつあるという宣伝をしきりに行っている。

中国の政治宣伝は、人工知能にも及んでいる。中国が人工知能に力を入れているのは、基本的に軍事面での活用を狙っているからである。もっとも簡単な人工知能は、中国が製造してＩＳＩＳのテロリストに渡している「ＬＴＤ」と呼ばれる兵器である。ＬＴＤは人が近づくと反応し、ある一定の方向に向けて集中的に爆発する性能を有している。アメリカ軍が中東で使用している精密爆弾も、一種の人工知能によって動かされている。

中国が電気自動車に力を入れ、その開発に全力をあげているのは、人工知能の開発と関連しているからである。しかしながら人工知能を軍事目的で開発することは、基本的な経済活動からすると大きく歪んでいる。

中国が人工知能の開発に全力をあげ、新しい兵器をつくろうとしている背景には、通常の兵器体系とその戦術的な利用では、アメリカにはとても及ばないという強い恐れがあるからだ。

こういった軍事的な目標を最も重大と考えている中国の人工知能の開発や、政治的なクリーンエネルギーの開発が、そのままウォール街の株価の高騰を促す原動力になることは極めて難しいと思われる。

ウォール街の株価というのは、三種類ばかりの電気自動車やクリーンエネルギー用の製造企業によって大きく動くものではない。広く一般に技術が転用され、世界的な新しい技術開発のエンジンとなってこそ、はじめて株価上昇の原動力になってくる。

人工知能の開発というのは、新しい通信技術体制を立ち上げるためには、極めて重要であり、新しい技術や製品を生み出す可能性は非常に強い。だがこの人工知能は同時に、強力なハッキング用の兵器を生み出すことになる。

最高度の人工知能を持つコンピュータが、ウォール街の株価の値段を上げるよりも、逆にサイバー攻撃に使われ、世界経済に大損害を与える可能性がある。この問題については次の部で少し詳しく述べよう。

第三部　中国のハッカーがウォール街を破壊する

前の部で触れたが、中国が人工知能の開発に力を入れているのは、より高度な軍事兵器を開発するためである。この事実は今後の世界経済や株価などを考えると、極めて深刻で複雑な問題を呈する。

いま中国は全力をあげて超高度な人工知能を組みこんだ巨大なコンピュータシステムを開発している。その狙いは世界中のコンピュータに侵入し、ハッキングすることである。

アメリカ国防総省の私の友人は、次のように述べている。

「中国はいま夜も寝ずに、最先端の人工知能を持つコンピュータの開発に力を入れている」

中国がいま、人工知能の開発に全力をあげているのは、その力によって世界を支配しようとしているからだ。しかも兵器の役目を果たすための人工知能は、常に敵より強くなることを要求される。

コンピュータがウォール街に重大な影響を持っていることは誰の目にも明らかである。かつて東京の株式取引所のコンピュータの具合が少し悪くなっただけで、日本中の株の取引業務が大混乱して、世界の懸念を集めた。

中国がいま考えているのは、東京の株式取引所で起きたコンピュータ事故を、ハッキングによって人工的に起こすことである。中国はこの高度な人工知能を持つコンピュータを経済兵器として、株の取引や金融取引の現場を攻撃しようとしている。

中国は二〇三〇年までにアメリカ経済に匹敵する経済力を持とうとしている。そのためには、現在アメリカに遅れを取っているGDPを拡大する必要があるが、さらに重要なのは、ウォール街を上回る株取引センターを上海につくることだ。

中国はこの野望を遂げるために、最高度の人工知能を持つコンピュータを経済兵器として、ウォール街の株取引を混乱させようとしているのである。このコンピュータが攻撃するのは株式市場だけでない。世界中のコンピュータに侵入して、各国のインフラストラクチャーに大混乱を起こすことも可能である。

中国の巨大コンピュータがアメリカやヨーロッパ諸国、日本などの発電所や送電システムに入り込み破壊行動を行えば、各国のエネルギー供給網が全滅する危険がある。航空管制システムに入り込めば航空機は運航が阻害され、大事故が起きる恐れがある。

中国が軍事兵器そして経済兵器として開発している人工知能について、アメリカの専門家は深刻な問題として考えていないが、中国はすでに数万人からなるサイバー攻撃部隊をつくっているのである。

むろん、アメリカも日本もこうした中国の巨大コンピュータの侵入に備えて対応策をとっている。しかしながら高度な人工知能を有する巨大コンピュータは、自己増殖的にその能力を強化していくものである。

中国はいかなるファイアーウオールも突破し、狙いをつけた場所に侵入し、攻撃目標を破壊するコンピュータの開発に全力をあげている。電気自動車の人工知能など足元にも及ばない高度な人工知能は、ウォール街の株価を操作するどころか、ウォール街そのものを壊滅させる力を持つ。

二〇二一年、ウォール街に対して中国の巨大コンピュータによる大規模なサイバー攻撃が行われる可能性は高い。これまで中国によるアメリカの最新技術の盗用に対して断固とした姿勢をとってきたトランプ大統領が退場し、中国のエージェントとも言われるジョー・バイデンがホワイトハウスに入ったからである。

ウォール街の専門家は、今後もウォール街は株価が上がり続けると楽観的な見方をしているが、それは大きな間違いである。冷戦が終わって以来、アメリカの世界における力が後退しているにもかかわらず、ドルの力が歴然として強いおかげで、ウォール街は世界の株取引の頂点として存在してきたのである。

ウォール街の専門家は、世界は変わらないという確信を持ち、ウォール街の株価は上昇を続けると信じているが、実際には世界は大きく変わり、新しい次元に入ろうとしているのである。

すでに述べたように中国は、二〇三〇年にはアメリカに匹敵する経済力を持つと決意し、そのためにウォール街との決別を意図しているが、この点を現在のウォール街の専門家はまったく無視してしまっている。

ここで歴史的な視点から考えなければならない問題は、二〇二一年、なぜウォール街の株価が下がるのか、あるいは暴落するのか。ウォール街の専門家が指摘しているように、経済的に見るかぎり、ウォール街の株価は暴落、ないし下がる危険はあまりない。その最大の理由は、アメリカ経済が順調で経済的に見れば挫折する要素はないからである。いまや世界の人々が膨大な量のアメリカのドルを保有し、ドルの力を信じている。

しかしながらこの問題を政治的に考えた場合には、まったく逆の状況が浮かんでくる。中国が共産主義体制を推し進め、資本主義体制との経済交流を阻止しようとした場合に何が起きるか。

これは単純に政治的な問題である。つまり中国が「アメリカのドルを受け入れない」と決定した場合の状況であるが、むろん、こうした事態になれば中国も甚大な影響を受ける。

この問題については、アメリカの専門家のあいだでも話題になることがよくある。中国は国家として、あるいは個人、企業として、膨大な量のドル建ての資産を保有している。ドルの値段が暴落した場合に多大な損害を受ける。

香港問題は、中国がすでにそうした損失を考慮に入れて、政治的な行動をとっていることを象徴している。イギリスをはじめ西側との約束に違反して香港を中国の独裁体制に引き入れた。その際、中国が経済的な損失や、西側からの罰則を考えなかったはずはない。

中国は、すべての損害について考えた末、強行する価値があると見て香港を略奪したのである。つまり、中国が保有している資産を犠牲にしても構わないと計算した。結局のところ中国は大きな損害を受けなかった。このため中国は、次のステップとして台湾併合を考えている。そして、その延長線上にあるのがウォール街である。

ウォール街を政治的に無視し、国際社会における約束をすべて破棄した場合、中国の損失はいかばかりか。中国の習近平はすでにこの問題を十分に考えているはずである。そういった現実的な思考様式を持っている習近平に対し、アメリカおよび西側には強い指導者が存在していないために計算ができない。

ウォール街の専門家は、ウォール街の株価は経済力で決まると考えてきた。ウォール街の人々だけでなくアメリカの指導者もそう考えてきた。だが第二次大戦でアメリカが相手にしたのは、ドイツと日本という経済的には小さな国であり、冷戦で敵対したのは経済力ではとてもアメリカに及ばないソビエトだった。

しかしながら中国は、一三億という膨大な人口を有し、チベットや内モンゴル、新疆（しんきょう）ウィグルなど、広大な地域を我が物にしている。その経済的な大きさが、中国という国の政治的な強さになっている。

中国は長い年月をかけ、アメリカとの戦いを避けながら手にした経済的な基盤をもとに、アメリカに挑戦しようとしている。歴史と世界を真反対に、つまり中国から見れば、いつまでもウォール街の株を高くし続け、甘やかしておくわけにはいかないのである。

これまでトランプ大統領の「強いアメリカ」という政策のもと、安定した状態を保ってきたウォール街は二〇二一年、一挙に黒い霧の立ちこめる苦しい時代を迎えることになる。

第四部　バイデン不況という嵐が吹いてくる

すでに述べたように、アメリカ経済をはじめ、世界経済の見通しの大きな目安となっているウォール街の株価が順調に値上がりを続けているためバイデン政権のもとでも、今後の経済はうまくいくのではないかと期待する人が多くなっている。

しかしながら現実問題を見てみると、世界の国々のほとんどが景気対策上、膨大な赤字を抱え込んでいる。今度のコロナウィルス災害に際しても、非常事態に対応するための特別支出を行ったために、赤字はさらに増大した。

そういった世界経済の状況のなかでいま懸念されているのは、バイデン政権の登場によって、これまでのトランプ政権が推し進めてきた経済拡大政策が大きく変わり、増税や社会福祉中心の、いわば経済の拡大を重要だと思わない政策が推し進められるのではないかということである。

バイデン政権のもとで増税や福祉費の増大などによって、経済全体の拡大が滞ってしまうことになれば、アメリカをはじめ世界の国々が抱えている財政赤字、企業の赤字がそのまま凍結され、世界経済に重くのしかかってくる。

その結果、懸念されるのが不況だが、すでに財政赤字が大きく膨れ上がっている現状から見ると、不況状態がそのまま恐慌ないし大恐慌に至るという懸念が強くなっている。アメリカ経済の見通し、とくに株価が順調に上がり続けるという期待感が大きく後退し始めているのは、アメリカの企業や銀行がすでにあまりに多くの借金を抱え込んでいるためである。

コロナウィルスのワクチンが一般に使われるようになり、経済的に追い詰められていた企業や銀行が再び活発な活動を始めると多くの人は考え、それが積極的な期待になっていた。ところが物事は、そう期待通りにはいかない。最も深刻な問題は、アメリカの銀行があまりにも多くの借金、債務を抱え込んでいることである。

コロナウィルス騒ぎのなかで消費が落ち込み、ビジネスが停滞している企業を助けるために、アメリカ政府は膨大な量の貸付を行い、マイナス金利を含めた大がかりな金融緩和政策を推し進めている。こういった措置をとっているのは、停滞する経済を借金によって動かそうとしているからである。

この試みは、ある程度までは成功している。しかしながら、現実には膨大な借金を抱え込んだ銀行は、このあと景気が良くなるとしても、貸し出しを増やすわけにはいかない。アメリカの企業の多くはすでに膨大な借金を抱え、新しい経済活動を行えなくなっている。ウォール街の専門家は私に、こう言ってきた。

「アメリカの主要産業の多くが無理な社債の発行を続けており、配当や利息を払えなくなりつつある」

つまり、企業は社債などという形で安い金利、利子の資金を集めたものの、ビジネスが一向に拡大せず、社債の金利すら支払えなくなっているのである。

銀行も同じ状態にある。ＩＭＦの集計では、世界各国の企業や銀行が抱え込んでいる負債は二〇二〇年十月の段階で二七七兆ドル、日本円にすると、三京（けい）という数字である。この二七七兆ドルという債務は、世界中の国々のＧＤＰを合わせた額の三六五パーセント、つまり三・六五倍にもなる。

こうした異常ともいえる借金の急増ぶりが、世界中の企業の社債の金利、支払い不能という状況を生じつつあるが、それ以上に重大な問題は、世界中の金融の柱になっているアメリカの連邦債、債券が溢れ返って、売れなくなっていることである。

こうした世界中が借金漬けという深刻な状況のもとで、金融、財政関係者を懸念させているのは、コロナウィルス騒ぎがワクチンの力によって一段落したとしても、経済活動が活発になる見通しはないということである。その証拠として、コロナウィルス騒ぎが収束する見通しがあるにもかかわらず、将来にわたって世界各国で物価上昇、インフレという現象が起きてくる兆候がまったく見られない。つまりコロナウィルス騒ぎが一段落しようとしているなかですら、経済が拡大し、需要が伸び、インフレの見通しが強くなる、といった気配がないのだ。

こうしたデータのすべてが明らかにしているのは、このところ急速に高くなっているウォール街の株価が、世界恐慌を恐れるあまりにアメリカの人々の恐怖がつくりあげた幻想ではないか、ということである。

世界経済の繁栄ぶりが幻であるとすれば、その基本になっているバイデン現象が、これまた幻に過ぎないということになる。こうしたアメリカ経済の厳しい現実をはっきりさせるのが、二〇二一年の株価の動向である。

ウォール街の多くの専門家は、地球規模で見た場合、二〇二〇年の暮れから二〇二一年の初めにかけ、経済の動きが鈍ってくるのではないか、と懸念していた。しかしこの懸念があまり深刻になっていないのは、二〇二〇年後半、ニューヨークや日本の株が異常と思われるほど上がり、一種の高景気を続けているからである。

多くの専門家はコロナウィルスに対するワクチンの効果を期待して、「春以降、景気が再び良くなってくる」と主張している。しかし、これはジョー・バイデン現象という政治の幻に引きずられた経済についての幻が生み出したものであろう。

コロナウィルスのワクチンがトランプ大統領の強い意思によって急速に一般化し、健康という面では、ある程度の効果を表してくると思われる。しかしながら、経済だけについてみると、すでに借金漬けという状況のなかでは、ワクチンが使われたからといって、そのまま直線的に良くなってくるはずがない。

しかもいま使われているファイザーやモデルナのワクチンというのは、超低温で保存しなければならないという問題があるうえ、副反応についてのデータがない。ウォール街の専門家が期待しているように、あっという間に効果が出ると考えるのは、これまた幻に踊らされているからである。

ウォール街の状況からすると、コロナウィルスのワクチンが一般化することと合わせて、アメリカ経済は最悪の事態にはならない、という見方が有力である。こうしたウォール街の専門家の楽観的な姿勢は、投資家のことを考えれば当然のことと言える。ここで投資家が落ち込んでしまい、将来に対する夢を失うことになれば、経済は一気に悪化する。

二〇二〇年末に発表されたアメリカの連邦準備制度理事会（ＦＲＢ）の財政状況に関する報告は、アメリカの銀行が新型コロナウィルスの弊害を克服し、順調に安定化していると述べている。このレポートの中で連邦準備制度理事会は「アメリカの銀行がコロナウィルス騒ぎによる損害を巧妙に吸収し、安定した立場を維持している」と評価している。

しかしながら一方では、ここから先、当分のあいだアメリカの銀行の貸し出し状況は悪くなり、厳しい情勢が懸念されている。同時に、先にも触れたように、「二一年の春を過ぎれば、コロナウィルスに対するワクチンの効果が明らかになり始め、アメリカの経済全体は明るい」という見通しが有力である。事実、モルガンスタンレーやチェースマンハッタンなどが世界経済の先行きについて、いずれも強いデータを発表している。

こういったアメリカ金融機関のデータによれば、世界各企業のデータを総合した世界規模の生産工業指数は、二〇二〇年六月、四七・九であったのが、五カ月後の十一月には五三・七と伸びた。同じように、世界規模のサービス業の経済活動指数は、六月の四八・〇から十一月には五二・二、と伸びている。

世界経済の動きを見てくるとはっきりしているのは、ウォール街や各金融機関が現在の状況について、「精一杯、良い状態が続いている」と口を揃えて主張していることと、先行きとしては、「コロナウィルスに対するワクチンが効果を表し始める」と楽観していることである。しかしながら、こういったアメリカ金融機関や当局の発表は、現実よりは期待感に基づいたもので、ワクチンの効果に強く期待しすぎていることを示している。

アメリカの政治がバイデン当選によってとりあえず、マスコミとの休戦協定も成り立ち、安定したと指摘されているが、現実には、トランプ側は選挙は不正であるとし、共和党員の七〇パーセントが選挙は不正なものである、と考えている。こうした政治の現実が、騒ぎを再び盛り返すことになると、強気の経済予測も飛び散ってしまうことになる。楽観論だけでは押さえきれないと思われる。

経済の見通しを注意深く分析すれば、バイデン政権の増税や福祉費の増額などに依存する消極的な経済政策は、今後景気の悪化、不況、そして恐慌、ないしは大恐慌を予想させるものである。

第五部　アメリカの財政赤字は限界を超えた

アメリカの財政負担は明確にアメリカの経済能力を超えつつある。第一に、新型コロナウィルス災害の対策費九〇〇〇億ドルを中心とする、合わせて一兆四〇〇〇億ドルの財政赤字を出すことになってしまった。

アメリカの財政赤字は、いまや国家予算の三倍以上に達している。コロナウィルス災害が長引くことになれば負担は増え続ける。アメリカの財政赤字はすべてを合計すると、GDP一五兆ドルの三倍近くになる。その結果、財政赤字を埋めるためのアメリカの連邦債が増え過ぎ、ウォール街の市場が消化しきれなくなってしまっている。

アメリカ連邦債といえば、世界金融の柱であり、常に安定した市場を確保してきたが、それが危ぶまれる状況になっている。これが二〇二一年のウォール街の危機であり、大暴落がやって来るという予測が強まる原因になっている。

そうしたなかで、新型コロナウィルスの蔓延は、一般に考えられているよりも深刻に進み、世界の感染者の数が増え続けている。この本を書いている二〇二一年一月の段階で、アメリカの感染者の数は二〇〇〇万近くに達し、インドでは八三〇万、メキシコでは五九〇万、ブラジルでは五五〇〇万、イギリス、フランス、スペインなども一〇〇万を超えて、さらに増え続けている。

ヨーロッパのコロナウィルスの蔓延は「第三次」といわれているが、パリ、ロンドンといった主要都市ではロックダウンが行われ、とりあえずは蔓延が抑えられている。しかしながらヨーロッパの人々の不満は高まり続けており、ロックダウンに対する反乱が大きな社会不安を引き起こしそうな状況になっている。ヨーロッパの春は遅い。五月頃までは寒い気候が続く。新型コロナウィルスの蔓延が拡大するのかどうか予想ができず、混乱した状況になっているのは明らかだ。

コロナウィルス災害は人命に対する恐れが中心になっているが、経済に対する悪影響は計り知れないものがある。長引けば損害は想像を絶したものになってくる。

私の信頼しているウォール街の分析家は、そういったコロナウィルス禍（か）がもたらす経済的な被害について次のように報告してきた。

「コロナウィルスによる経済的な被害が拡大し続けているだけでなく、生産部門や消費部門を直撃し、永久的な損害を残しつつある。この状態が続くことになると、コロナウィルスが残す災害が、世界の経済体制を永久に破壊する危険が高まっている。アメリカの経済は全体的に回復基調にあるが、コロナウィルス禍によってその回復が限定されている。全体的に見ると景気の拡大は難しい」

私の友人のアナリストが最も恐れていることは、経済的に見て二つある。一つは現在のコロナウィルスによる被害が国の財政援助によって抑えられているにすぎず、この状態が来年末まで続くことになると、世界経済が財政赤字によって壊滅してしまう恐れがあることだ。

もう一つは、コロナ災害のもとにおける経済は、極端に安い金利政策と、人工的に引き上げられた債券の値段によって投資家を引き留めているものの、これ以上長く続けられるとは考えられないことだ。

この分析家やウォール街の多くの友人たちは、いまや国家援助と低金利によって支えられている経済は、コロナ災害に耐えられる限界に来ており、投資家としては資産を守るために、何らかの抜本的な対策を考えなくてはならないと警告している。

とくに多くの分析家が指摘しているのは、これまで一種の防波堤になってきた年金の資産運用による経済危機の回避が危機的な状況に入ろうとしていることだ。つまり、安定したアメリカの連邦債などが果たしてきた金融体制の安全というものが限界に来ており、いわゆる「大洪水」が起きるのではないか、と心配している。

ウォール街の分析家たちはこれまでアメリカ経済の重要な柱になってきた連邦債が金融緩和や低金利政策の結果、あまりにも多く発行されてしまい、経済の基盤になるという本来の重要な役割が消滅してしまったと見ている。つまり世界の金融状況のなかで安定していたアメリカの連邦債に対する信頼がなくなりつつある。この事実は世界の金融の基本的な仕組みが崩壊しつつあるのではないか、という懸念を多くの人々に抱かせている。

こうしたなかで長期的に見ると、アメリカの連邦債に代わって「金（きん）」に対する信頼が急速に高まってくる。二〇二一年一月現在、「金」の価格は頭打ちになっており、一トロイオンス＝二〇〇〇ドルという大きな枠を超えることができないでいる。しかしながらコロナウィルス災害のなかで、アメリカの連邦債までが信用できない状況になれば、結局は「金」に頼るしかない、という考え方になってくる。世界の財政金融は、コロナウィルス騒ぎのなかで、革命的な変革を起こそうとしている。

もう一つ、コロナウィルス騒ぎのなかで注目すべきは、ようやく一般に使われるようになってきたワクチンの問題である。ワクチンがやっと軌道に乗り、イギリスについでアメリカでも一般に使われようとしている。しかしながら、このワクチンについてはまだ多くの問題が山積みになっている。

基本的に言えば今度のワクチンの開発は、学問的に見ればかなり急ぎすぎている。ワクチンを急がなければならないという政治的な理由を、世界各国の指導者が抱えているのがその原因である。つまり早くワクチンを使わなければ、政治的な混乱が避けられない。

新型コロナウィルスワクチンについて専門家に聞いてみると、確かに使用開始を急ぎすぎている。通常では、新しい薬を開発している過程のなかで、企業レベルでの実験が成功し、企業が宣伝のパンフレットを作り始める段階と言える。このあと、企業とは関わりのない医者や学者による実験が続けられ、安全性が確認されることになる。

そうした二次的段階のテストのなかで、新しい薬のアレルギー問題なども解決されることになる。ところが、今度の場合はそういったプロセスがいっさい省かれてしまっている。これは異常なことと言わざるをえない。

アメリカではワクチンをはじめ、新しい薬の開発について企業は、人道的な考え方や経済的な責任について配慮し、企業パンフレットのＰＲといえども、安全性については異常なほどの注意を払って記述している。ところが、中国やロシア、あるいはそのほかの国々の場合、アメリカほどは安全に対する配慮が十分ではなく、どのような異常事態が発生するか予測できない。

ロシアで一般の人に対するワクチンの投与が始まっていながら、プーチン自身はワクチンを受けようとは考えていない。中国ではどのような状況にあるのか、いっさいが秘密のうちに行われている。

アメリカとイギリスについてすら、三つのワクチンのうち二つは零下七〇度という、極端に低い温度で保管する必要がある。輸送や保管の問題を考えると、零下七〇度を維持することは極めて難しい。しかも超低温の保管がうまく行われなかった場合、ワクチンがどう変質するのか、使用に耐えるのかはっきりしていない。

一般の病院や医療機関がこの零下七〇度という超低温の貯蔵施設を持っているわけではなく、実際に何億という人々、そして世界中の国々にワクチンを輸送し、保管させることは非常に難しい。

ワクチンが現実のものになったのは紛れもない事実であるが、そのワクチンを大勢の人に投与するのも極めて難しいことであり、医療関係者はあまり楽観していない。

すでに製造されている三種類のワクチンのうち一つは、明らかに遺伝子治療の薬品である。遺伝子治療は数年前、不測の事態で患者が死亡したことによって中断されてしまっている。

このように新型コロナワクチンは多くの問題を抱えているうえ、投与ないし注射しなければならない人々は、アジア、中東、アフリカなどの僻地（へきち）にも充満している。

ワクチンが、そういった僻地の人々に行き渡らなければ、新型コロナウィルス災害は収束しない。

こういったことを考えると、いま世界的な注目を浴びている新型コロナウィルスワクチンが現実的に見て、どこまで感染をくい止めることができるのか、まだはっきりしていないという専門家も多い。

第五章 アメリカの内戦が始まった

私の昔からの友人が妻と子供たち、家族四人をバンに乗せて、ワシントンの政治騒動を避けようとフロリダのキービスケーンに出発した。

途中、彼はポトマック川を越えたところで大きな銃砲店を見つけ、バンの中に備えてある拳銃と連発銃のための銃弾を買おうとした。しかし、その銃砲店には銃弾どころか銃砲の類も売り切れて何も残っていない、ということだった。

このため彼は国道66に入り、ペンタゴンのある国道95の脇のさらに大きな銃砲店に立ち寄った。ところが、そこでも銃弾の類は売り切れてしまっていた。友人は「銃弾が手に入らない」という不安な気持ちのまま国道を南に下り、キービスケーンに急いだ。

この私の友人が遭遇した状態は、いまやアメリカの人々が政治的な混乱から内戦状態になるのではないかと怯えていることを象徴している。自らの身を守るために武器を備えておこうと考える人々が増えているのである。

銃砲店の「銃弾が売り切れ」という状態はアメリカに、政治不安に基づく内戦の危機が迫っていることを示している。

第一部　マスコミがアメリカを滅ぼしてしまう

トランプ大統領とアメリカマスコミの戦いは、依然として決着がついていない。戦いは熾烈なまま、この先も続く。

二〇二一年一月六日に起きたトランプ支持者たちによる議会襲撃事件は、いまやアメリカのマスコミが「民主主義に対する戦い」と銘打ってトランプ大統領が歴史に対して不条理な戦いを挑んでいると、国民に印象づけようとしている。

アメリカだけでなく世界中を驚かせているトランプ大統領とアメリカのマスコミの戦いは、いまや内戦の様相を強めつつある。このまま進めば、アメリカという国を崩壊させてしまう危険がある。

二〇二一年一月六日、午後一時からアメリカ議会は上院本会議場で上下両院の議員総会を開き、四十六代大統領として、ジョー・バイデンの当選を認めるかどうか、最終的な審議を始めた。

この審議は一種の儀式にすぎず、四年ごとに大統領選挙の結果を公式に決定するもので、通常は必要な時間も十分ないし二十分だが、この日の上下両院の合同会議では、少なくともアリゾナ州とペンシルベニア州の投票結果が正式には決まっておらず、議員から開票結果に反対する要求が出されて審議には時間がかかるものと見られていた。

ところが午後一時に会議が始まってから一時間十五分後、トランプ派の支持者たちが議事堂に乱入したため事態が一挙に動き、結果的に議会はバイデンを大統領として正式に認めた。

この議事堂乱入という異常事態が起きて以降、アメリカのマスコミはテレビも新聞も大きなスペースを割いてトランプ支持派の暴力的な行動を非難、攻撃した。とくにアメリカのテレビネットワークは、夕方から深夜、そして翌朝に至るまでこの問題だけを取り上げ、極めて感情的な調子でトランプ支持者たちの暴力的な行為を非難し続けた。むろん、その非難の的はトランプ大統領である。

「トランプ大統領が支持者たちを煽動(せんどう)して、大統領選挙の結果を認定しようとしていた議会に乱入させた」

ほとんどのマスコミがこうした論調でトランプを攻撃し、かつてビル・クリントンの選挙参謀だったＡＢＣの『グッドモーニング・アメリカ』のキャスター、ジョージ・ステファノポリスは、「トランプ大統領が巧妙に支持者たちを操り、議事堂に攻撃を仕掛けさせた」と厳しく決めつけた。

『グッドモーニング・アメリカ』だけでなく、ＮＢＣ、ＣＢＳ、ＣＮＢＣ、ＣＮＮといったテレビネットワーク、それに『ワシントンポスト』や『ニューヨークタイムズ』はすべて、議事堂襲撃事件はトランプが起こしたと報道し続けた。アメリカのマスコミは、細かい事実にはまったく拘泥せず、「トランプが大衆を扇動して神聖なるアメリカ議会を襲撃させた」と声を張り上げたのであった。

二〇二一年初頭のアメリカの内戦は、兵器を持った武装勢力の対戦ではなく、ペンとカメラを持ったマスコミとトランプ大統領の戦いであった。アメリカのマスコミはひたすら議会襲撃事件はトランプが首謀者であると決めつけ、彼に「民主主義の敵」という烙印を押したのである。

二〇二一年の年明け早々に起きた議事堂襲撃事件は、明らかにトランプ支持派の行き過ぎが引き金になっている。その点では、客観的に見てトランプ陣営に批判されるべき問題がある。

実際には、議事堂になだれ込んだ過激派のなかには、極左の過激派グループ・アンティファ（ＡＮＴＩＦＡ）がいて騒動を大きなものにしてしまった。彼らは大騒動を起こし、そのすべてをトランプ大統領の責任にしようとしたと思われる。しかしながら、騒動の実態を詳しく見ると、このあとも述べるが、理解し難い問題が多々ある。

まず、午後二時十五分にトランプ支持グループが議会になだれ込んだ入り口についてである。過激派グループは議事堂の建物の小さな窓のガラスを割って、とりあえずは内部に侵入した。その窓というのは、議会北側の上院の建物の端の角近くにあり、岩で固められた建物の内部の小さな窓にすぎない。その横には、やはり石を積み上げた出入り口があり、車寄せもついている。

私は議会記者証を見せてこの入口を通って中へ入り、五階の記者室から廊下を渡って、上院を見下ろす観客席につき、取材するのが普通だった。上院の議場は三階にある。この間は限られたエレベーターで上下するのであるが、階段を使うこともできる。

しかしながら疑問に思われるのは、こういった小さな窓の入口を暴徒たちがどうやって見つけ、中へ入って上下両院合同会議が開かれていた上院のフロアへ入っていったのか。テレビの映像を見ると、上院の議場へ入る幅一〇メートル近く、縦二〇メートル以上もある大きな扉が開かれて、暴徒たちが中へ入る姿が映し出されていた。しかも、その扉は職員の誰かが開け、脇には取材用のカメラではない中継用のカメラが据え置かれていた。こうした状況、そしてさらにはトランプ大統領を個人的に非難し続けるネットワークのやり方からすると、襲撃事件にはやはり何か裏があったと疑わざるを得ない。

アメリカ議会に対するトランプ支持者の暴力的な侵入行為は、議会という言論の場所に暴力的に押し入ったというだけで、トランプ側の政治的な敗北であることは明らかだ。しかしながら、いま見てきたような状況からすると、なぜ暴徒たちが易々と入り込むことができたのか、なぜ議事堂を警備する警官たちは暴徒たちを阻止することができなかったのか。

前日の一月五日、ホワイトハウス周辺で集会を開いていたトランプ支持派が、取り締まりの警官隊の規制を受けずに易々と議事堂に移動し、侵入したというのも解せないことである。そのうえアメリカ議会で暴力の限りを尽くした暴徒たちが、あっという間に姿を消し、誰も逮捕されたりしてはいない。だが警察官一人が殺害され、ほかにも死者が出ているのである。

アメリカのマスコミの背後には、シリコンバレーやハリウッドに莫大な資金を提供している中国系資本がある。こうした状況が示しているのは、トランプ大統領とアメリカのマスコミの戦いが極限にまで達して、まさにアメリカという国家の仕組みが崩壊しかかっていることである。

アメリカのマスコミは「トランプに民主主義が盗まれた」と騒ぎ立てている。確かに、マスコミが民主主義の主要な勢力であるのは紛れもない事実である。しかしながらアメリカ議会襲撃事件は、バイデンを大統領に押し込んだアメリカマスコミとアメリカ国民のほぼ半分を占めるトランプ派が起こし、それを極左集団が拡大したアメリカの内戦を象徴する出来事だった。

このあとも詳しく述べるが、アメリカという国はヨーロッパの専制君主体制に反発をする人々が新しい大陸につくりあげた国家であった。その新しい国家の主体は人民一人ひとりであり、民主主義の中核である言論の自由が、まさにアメリカの権力の根源である。

しかしながら、いまアメリカで起きているトランプ大統領とアメリカマスコミの戦いというのは、そうしたアメリカの政治哲学に関わる論理的な問題ではない。トランプ大統領とその背後にある力、それに対抗するアメリカマスコミ勢力と企業および組織、そこにある人々の、紛れもない権力闘争である。

第二部　2021・1・6アメリカ議会で何が起きたのか

アメリカの首都ワシントンの丘の上に白亜の連邦議事堂が完成したのは、一八一一年のことである。日本は文化八年、徳川家斉（いえなり）将軍の時代である。しかし、アメリカより長い歴史を持つ東京や北京などの建物が新しくつくり直されてしまっているのに対して、アメリカの議事堂は二百数十年、建てられた当時のまま残っているという古さがある。

アメリカ連邦議事堂の中は、まさにこの二百数十年という年月をそのまま閉じ込めたようなところがある。あらゆる場所に歴史の影が残っている。下院側、つまりホワイトハウスの側から見ると、右側一階の中央部、最高裁や連邦図書館などを見下ろすところに、日本に核爆弾を投下したミズーリ州出身のトルーマン大統領が下院議員の時代に使っていた居室がある。

少し前になるが、このトルーマンの居室を使っていたミズーリ州出身の共和党のロイ・ブラント下院議員に日米関係についてインタビューしたことがある。トルーマン下院議員、のちに副大統領、そしてルーズベルト大統領の死で大統領になった人物の居室は恐ろしく横長で大きく、中央に頑丈な樫の木のドアがあり、左右対称にいくつかの部屋が並んでいる。

ブラント議員には、中央の会議室でインタビューしたが、がっしりした柱や古風な壁紙を貼った壁、縁飾りのある天井、そして黒檀の建具など、まさに歴史がそのまま続いているような雰囲気であった。このトルーマンの居室の重厚なイメージが、アメリカ連邦議事堂のイメージでもある。

すでに述べたように二〇二一年一月六日午後、アメリカの上下両院が大統領選挙の州ごとの選挙人団の投票の結果を認定するための合同会議を開いた直後、この議事堂に暴徒たちが乱入して家具を壊したり、書類を手当たり次第ぶちまけたりするなど、乱暴の限りを尽くした。米英戦争の最中の一八一四年、ワシントンは焼き討ちにあったが、連邦議会議事堂が攻撃を受けたのはアメリカ史上、初めてのことである。

アメリカの世論は激高し、乱入を唆(そそのか)したのはトランプ大統領であると断定して非難した。アメリカ中のマスコミが「民主主義が破壊された」と叫び、世界中の人々もまたトランプ大統領を非難したが、実際にトランプ大統領が支持者を唆したという明確な証拠はどこにもない。すべては状況判断に基づいている。

アメリカ議会襲撃が犯罪行為であるとしても、誰がどのように計画し、どう実行したかを誰も追及しようとしていない。それにもかかわらず、「民主主義が破壊された。民主主義を取り戻そう」という声がアメリカだけでなく、まったく関わりのない日本やアジアの国々でも巻き起こった。

二〇二一年初頭に起きたアメリカ議会襲撃事件は、事件そのものだけを見れば、アメリカの政治と、そしてその政治を培ってきた連邦議事堂の雰囲気を土足で踏みにじるものであった。

この事件の後に起きたのは、すでに述べたようにトランプ大統領に対する猛烈な攻撃だった。トランプ大統領のツイッターの凍結、果てはトランプ大統領弾劾の動きまで始まった。

驚くべきことにペローシ民主党下院議長は、アメリカ統合参謀本部のミラー議長に電話をかけ、トランプ大統領が持つ、核兵器発射ボタンを収めた黒いカバンに仕舞われているキーを凍結するよう申し渡した。

トランプ大統領がアメリカのマスコミが指摘するように、しばしば常軌を逸した行動に走っていたのは紛れもない事実である。その明らかな証拠は、アメリカ政治の動向を決める南部ジョージア州の上院議員補欠選挙に対してトランプ大統領が出した指示だった。

トランプ大統領はジョージア州の共和党と対立し、再び選挙で不正が行われることを恐れて共和党員に「選挙には投票に行くな」という命令を出した。もっとも、これもアメリカのマスコミが伝えていることであり、実際にトランプ大統領がそのような指示を出したか明確ではない。トランプ大統領に代わって法廷闘争を行っていた弁護士のシドニー・パウエルとリン・ウッドが促していたという報道もある。結果的にジョージア州の上院補欠選挙では共和党が敗北し、民主党が二名の上院議員を獲得した。

この補欠選挙の結果、アメリカ上院の一〇〇の議席がちょうど五〇ずつに二分された。つまり引き分け、ということだが、アメリカの政治の原則では上院の採決が引き分けになった場合には、議長である副大統領が採決に加わる。大統領選挙で民主党が勝ち、副議長は黒人の父親とインド出身の母親を持つカマラ・ハリスである。結局、アメリカ議会の上下院両院を民主党が制することになったのである。

この上院議員補欠選挙の敗北に逆上したトランプ大統領が、大統領選挙の最終的な評決、つまり選挙人の数を確定するアメリカ議会を占拠せよという命令を出し、大騒動になった、というのがアメリカのマスコミと専門家、それに民主党の政治家たちの結論であった。しかしながら、この結論にはおかしなところが多くある。

まず、トランプ大統領は本当に議会を占拠して破壊するように命じたのか。すでに述べたように、トランプ大統領が指示したという証拠はない。そのうえ暴動が始まったとき、ペンシルベニア州選出の共和党下院議員が大統領選挙の不正を議会として追及するための決議を行い、アメリカ議会として、今度の大統領選挙の結果に同意しないという提案を行おうとしていた。

そうした動きを暴徒がぶち壊してしまったわけだが、それこそトランプ大統領が逆上して正気を失くしてしまった証拠だというのがアメリカ民主党の主張であり、マスコミも専門家も同意している。しかしながら、トランプ支持者が実際に議会を破壊したのかどうか、疑わしい点もいくつかある。

その後の調査によって、暴徒たちが重機関銃や大型の爆弾などを持ち込み、本格的な破壊攻撃作戦を行おうとしていたことが明らかになった。これまでアメリカ国内で政治的な騒動がいくつか起きているが、こういった兵器を使うのは黒人の過激派であり、民主党リベラルのテロリストたちであった。

次に、今度の暴動では警察官が殺害されている。これも不思議な出来事だと私には思われる。今度の大統領選挙戦を通じてトランプと共和党の主張は、法と秩序で警察官を味方とするものであった。これに対して、警察官の給与を予算から削減したり、警察官を非難したりしているのが民主党である。

さらに不思議なことに、暴動が行われた際、あらゆる政府機関や警察の担当者が写真を撮りまくっていた。これはスマホの時代に当然ともいえるが、暴徒の顔を多く撮影したにもかかわらず、身元の検証がなおざりにされてしまっている。

そのうえ暴徒たちがどういう経路を伝って議会に侵入したのか、なぜ議事堂内を歩き回って、破壊行動を続けることができたのか。アメリカ連邦議会議事堂はワシントンの丘を一つ占領し、建物は広い敷地に囲まれている。警官隊を配置すれば、容易に暴徒の侵入を食い止めることができた筈である。

しかもアメリカ上下両院の警備責任者やワシントンの警察当局は、国防総省が州兵を派遣して議会を防衛しようと申し出たのを断っている。ＦＢＩや各種政府機関も議会防衛を提案したが、ワシントン警察に拒否されている。ワシントン警察が、民主党の黒人勢力によって動かされている組織であることは常識になっている。

こういったすべての情報を総合すると、一月六日、アメリカ議会になだれ込んだ暴徒たちが本当にアメリカ民主主義を破壊しようとするトランプ支持派だったのだろうかと考えざるをえない。暴徒たちの身元が検証されていないからである。議事堂に乱入した暴徒たちは、民主主義を破壊するためではなく、まったく別の邪(よこしま)な政治的意図を持っていたのではないかと疑われる。

第三部　ペローシ政治には思想がない

今度のアメリカのマスコミ対トランプの戦いを政治的にうまく利用しようとしているのが、アメリカ民主党の下院議長ナンシー・ペローシである。ペローシはアメリカのマスコミがトランプ大統領に仕掛けている全面戦争を利用して、自らの政治的立場を強化しようと考えた。

ペローシはオバマ政権下で民主党下院の影響力をうまく使って、アメリカ政治を動かしてきた。しかしながら政策というものをまったく持っていないうえ、人事についても恐ろしく依怙贔屓があるという批判が強く、アメリカ政治全体のなかでは、あまり重要視されてこなかった人物だ。

ペローシはアメリカの世論調査で、もっとも尊敬されず嫌われている政治家というデータすらあるが、その理由は取り巻きによる政治グループを重視し過ぎることである。二〇二一年初頭の民主党下院の議長選挙でも過半数を得ることができず、二六〇票を得ただけだったが、結局は得票数が一番多いということで下院議長に再任された。

ペローシは下院議長に就任以来、これといった政治成果をまったくあげることができなかった。二〇一六年に登場したトランプ大統領と対決することだけで支持をとりとめてきた。私のよく知っている比較的中立を保っている評論家は、こう言っている。

「ペローシが登場以来やったことで目立ったのは、トランプ大統領弾劾という大芝居だった。結局は失敗に終わったものの、自分の政治的な立場を安定させることには成功した」

ペローシは、二〇二一年初頭に起きたトランプ支持派による議事堂襲撃事件を好機と見て民主党の勢力を結集し、再度トランプを弾劾に追い込もうとしている。下院では弾劾裁判を行う決定をしたが、ペローシがこの裁判に勝つには、上院議員三分の二の賛成が必要であり、一回目と同じように実現不可能である。

そうした状況のもとでもペローシは執拗にトランプ追い落としを続け、アメリカ合衆国憲法修正第二十五条を持ち出して、「大統領に統治能力がなくなった」として、閣僚たちにトランプ大統領の辞任を認めさせようとまでした。

憲法修正二十五条は、大統領が病気になったり、精神的におかしくなったりした場合、副大統領以下の閣僚が全員一致で大統領を辞任させられることを決めている。共和党の副大統領や閣僚が民主党の下院議長の要求や圧力でトランプ大統領を辞めさせる見通しがほとんどないにもかかわらず、ペローシが憲法修正二十五条を持ち出したのは、選挙に敗れたとはいえ、依然として国民のほぼ半分の支持を受けているトランプを徹底的に叩き、政治的に立ち直れないようにしておこうという目論見があるからだ。

ここで明らかになるのは、トランプ支持者たちの議事堂襲撃事件によって「神聖な民主主義の殿堂が破壊されようとした」としてトランプを弾劾する大義名分の裏の事情である。

二〇二一年初頭の議会侵入騒ぎは、アメリカのマスコミが主張しているような民主主義をめぐる問題ではない。アメリカ国内における政治の駆け引きに使われているだけである。これはトランプ大統領の政治的な影響力や人気が依然として高いため、普通の手段では民主党側が政治的に対抗しづらくなっているからだ。

アメリカ民主党とペローシ下院議長は、アメリカのマスコミと同じで、今度の大統領選挙戦には勝ったものの、政治的には立場を強化することができなかった。これはトランプの対立候補になったジョー・バイデンが何ら新しい政策を持っておらず、アメリカの人々を元気づけることができなかったからである。

しかも選挙の結果を見れば、ジョー・バイデンは勝ったとはいえ、アメリカのマスコミが煽り立ててきたようには大勝利を手にすることはできなかった。このままの状態が進めば、ジョー・バイデンも民主党も、いわば政治的にはジリ貧の状態になり、二〇二〇年の選挙に勝った栄光が飛び散ってしまう。

そうしたなかで、アメリカのマスコミと民主党、そしてペローシが考え出したのが、トランプを議会襲撃事件の首謀者として攻撃し、「アメリカの民主主義を踏みにじった」として非難攻撃を続けることであった。アメリカの政治評論家は、こう言い始めている。「トランプは選挙に負けたとはいえ、アメリカの指導者としての強い立場を維持し続けている。バイデン政権は『オバマ第三期政権』になるといわれているが、オバマのイメージは消え去ってしまうだろう」

こういった情勢が、トランプ追い落としのための議事堂攻撃の引き金になった。民主主義の牙城であるアメリカ議会を襲撃するという犯罪的な行動の裏にある本当の犯罪はトランプ追い落としであり、その試みは成功しつつある。

こうした状況のもとでワシントンの専門家はすでに二年後の中間選挙と、さらにその二年後、二〇二四年の大統領選挙に注意を向けている。私の友人たちは、こう言っている。「トランプ大統領は二〇二〇年の選挙には敗れたが、二四年の次の大統領選挙には再出馬して、再選される可能性がある」

実は、こうしたケースはアメリカの政治にこれまでも起きている。第二十二代大統領、グローバー・クリーブランドはアメリカ史上ただ一人、連続ではない二期を務めた。一八八五年に第二十二代大統領に選ばれたが、四年後の再選選挙に失敗した。だがその四年後の一八八九年に再び出馬して当選し、一八九三年に再選を果たしている。

同じことが起きるのをアメリカ民主党とその周辺の専門家、リベラルなマスコミは恐れた。そして四年後にトランプを出馬させないために、今度のアメリカ連邦議事堂襲撃という歴史的な事件を徹底的に利用することにしたのである。実に低劣で汚い民主党政治を露呈したもので、参謀はペローシ下院議長だった。このペローシの企みが成功するかどうかは、計算通りトランプ大統領を弾劾、インピーチできるかにかかっている。

ペローシ下院議長とアメリカ民主党がトランプ大統領を弾劾できるか、あるいは退任したあとの責任追及を成功させられるかどうかはまだわからない。ペローシをはじめ民主党の目論見が成功すれば、トランプは四年後、再選に出馬することは不可能になる。

しかしながら政治の世界というのは、単純には動かない。今度の議会襲撃という歴史的な事件によってアメリカの政治が大きく動揺し、責任者であるトランプが追放されようとしている。だが、このことが民主党のバイデン大統領の将来を安定にするわけではない。

バイデンのもと起きてくると予想されるのは景気の後退であり、アメリカの内戦的な大騒動である。景気の後退について言えば、すでにアメリカの人々の仕事がコロナウィルスの影響で減り始めている。二〇二一年一月九日のアメリカ商務省の発表によると、すでに二八万八〇〇〇人が仕事を失くしてしまった。失業率も今後急速に増えると思われる。

ジョー・バイデン新大統領の人気の先行きは極めて不透明である。ワシントンの専門家の多くはペローシの「トランプ追い落とし」の政治行動があまりにも露骨で、むしろ民主党の人気支持率を低下させているため二〇二二年の中間選挙では、上下両院の双方で民主党が大きく敗れると予想している。

下院について見れば、リベラル派つまり社会主義勢力が衰退する。リベラル派は選挙で民主党の勝利には寄与したものの、バイデン政権においてまったく優遇されていない。上院選挙では共和党側の有力議員が任期の関係で選挙を必要としていない。その結果、共和党が上院の多数を獲得する見通しが強い。

いまここに述べてきた二つの政治的な要因が、民主党を追いつめている。民主党は大統領選挙で紙一重の差とはいえ、とりあえずはホワイトハウスを手にした。だが敗れたトランプの人気は依然として高く、バイデンの人気はいっこうに上がりそうもない。

この二つの危機的な状況を前にして、政治的な賭けに出たのがペローシ下院議長をはじめとするアメリカ民主党、リベラルのマスコミ、そしてアメリカの官僚たちで、とりあえずは成功した。

しかしながら、政治は陰謀だけで動かせるものではない。第十六代大統領のエイブラハム・リンカーンが言ったように、大勢の人間を短いあいだ騙すことも、少数の人間を長いあいだ騙すこともできるが、大勢の人間を長いあいだ騙すことはできないのである。ペローシと民主党が国民全体を長期にわたって騙し続けることは不可能である。

議事堂襲撃事件のあと、「民主主義の破壊」「民主主義の喪失」といった言葉が盛んに言われるようになったが、その言葉は民主的な選挙で選ばれた現職大統領を、証拠のない誹謗によって追い落とした民主党の政治工作に向けられるべきものだろう。

今後、アメリカ政治が直面する大きな問題は、トランプが成し遂げた経済的な成功をいかに維持するか、そして失敗したオバマ外交を修正したトランプの業績をいかに継承するかということである。

アメリカのマスコミ、専門家や官僚たち、それをまとめるアメリカ民主党ペローシ下院議長らは、実際にアメリカ経済を良くしたわけでもなく、中東の戦いを終わらせ努力をしたわけでもない。不法な経済政策をとり続ける中国を阻止するために動いたわけでもない。トランプがすべてをやったのである。

いまアメリカが取り戻さなければならないのは、単なる民主主義ではない。アメリカの経済的な繁栄と、アメリカの力にふさわしい強い外交戦略、とくに中国の不正に対抗する力を持った民主主義である。

アメリカが大混乱し、将来が不分明で不確実であるのは紛れもない事実である。だが、そうした状況の中で見通しをたて、新しいアメリカの力をどう確立するかが、民主主義を取り戻すという空虚な掛け声よりも重要である。

第四部　連邦政府の弱さが内戦を起こす

現在ワシントンを中心にアメリカ中で起きている政治的な混乱は、今度が初めてというわけではなく、建国以来アメリカでは続いてきた状態と言える。その最大の原因は、アメリカをつくったいわゆる「建国の父」と言われる人々が、アメリカ政府の権限を強めることを嫌い、大統領の力を他の国では見られないほど制限してきた結果である。

今度のアメリカにおける政治の大混乱をアメリカに住んでいる外国人として客観的に判断すると、その原因はアメリカのマスコミとインターネットメディアの四年間にわたる大統領との全面的な対立、その結果の国内の緊張と混乱である。

アメリカのマスコミやインターネットメディアは、意図したようにはトランプ政権を追い詰めることができず、いま繰り広げられている際どい政治的対立の状況を生み出してしまった。

現在のアメリカの政治的な大混乱は、アメリカマスコミやインターネットメディアの圧倒的な、そして全面的な攻撃にもかかわらず、アメリカ国民の半分ちかく、四六パーセントが大統領を強く支持し続けてきたことから生じている。

政治的に見ると普通では考えづらいが、四年間にわたるマスコミとインターネットメディアネットの全力攻撃の背後には、古い政治を続けようというアメリカの官僚たちや軍人、学者、専門家の強い意思と影響力が存在している。

そういった膨大な政治勢力を背景に、マスコミやインターネットメディアが全力をあげてトランプ大統領の保守的な政治を攻撃し続けた結果、アメリカ国民がほぼ半分ずつ、二つの勢力に分割され、現在の大混乱を巻き起こしたのである。

こうしたアメリカの政治的な混乱というのは、中央集権的な政治体制を嫌ったアメリカの建国の父たちがつくりだしたものであり、短期的に現在のトランプ大統領の政治のやり方や、マスコミの攻撃だけを個別に取り上げただけでは、現在の状況を正確に把握することは難しい。

現在の混乱が収まらず、内戦状態になるのではないかと懸念されるのは、アメリカの政治体制そのものが国家としては脆弱（ぜいじゃく）であり、大統領に指導者としての強い権限を持たせないことから生じている。つまり、いまアメリカで起きている内戦を懸念するまでになっている混乱は、アメリカ政府の基本的な組織づくりと政治哲学から生じてきている。

その象徴的な状況がアメリカのマスコミやリベラルな人々、黒人勢力による際限のないトランプ大統領批判になり、それに対するトランプ支持の保守勢力による強い反発が生じた。

しかしながら今度の選挙で明らかになったのは、アメリカの穏健派の普通の人々が、マスコミの一方的なトランプ政権攻撃に簡単には動かず、結局は選挙の結果で示されたように、トランプ派と批判派がほぼ同数、半々という形になったことである。

こう考えると、現在のアメリカの政治の混乱というのは、簡単には一方には流れてしまわない、アメリカ的な特質の表れと言うこともできる。先行きの見えない現在のワシントン政治の混乱というのは、ある意味ではアメリカ政治の本質を示していると見るのが妥当である。

今度の大統領選挙をめぐる大混乱の最大の原因は、アメリカのマスコミやインターネットメディアがその影響力を過信し、トランプ政権を言論の力で倒してしまおうとしたことにある。

これに対して建国以来、個人主義的な哲学と思想を基本としているアメリカの人々は、あくまでもその立場を堅持し、まるで台風のようなアメリカのマスコミの動きに影響されなかった。その結果、大統領選挙直前の人気支持率は、トランプ反対五三パーセント、そして、支持四七パーセントであった。

今度の大統領選挙の最大の敗北者は、アメリカのマスコミとインターネットメディアなのである。その背後にあって、同じように敗れたのがアメリカの官僚や軍人たち、それに学者、専門家たちであった。

もともとアメリカの官僚や軍人、学者、専門家たちは長い冷戦の戦いの結果、疲弊してしまい、いわば体制疲労を起こして、トランプ大統領の新しい変革についていくことができなかった。

アメリカの政治を私は五十年あまり見ているが、どのような激しい対立でも、とりあえずは選挙が終わればアメリカ的な民主主義と、世界の指導者としての責任に対する自覚が戻ってくるのが普通である。

しかし二〇二〇年の選挙の場合には、いま述べたマスコミやインターネットメディア、それに官僚、学者たちの一方的な大統領批判が酷かったこともあり、大統領選挙が終わったあと、アメリカの政治が正常に戻る見通しはない。

今後起きてくることは、依然として国民のほぼ半分から支持されているトランプに抵抗して、黒人など過激派グループが破壊行動を行って、アメリカ社会をさらに混乱させようとすることである。トランプ側も、そしてバイデン側も、政治勢力が分割されている状況のもとで、過激派勢力に対する断固とした姿勢をとることは難しいと思われる。

一方アメリカのマスコミは、今度の選挙の敗北、つまりトランプを徹底的に排除できなかったことで自信を失くしてしまっている。私の友人たちの話によると、『ロサンゼルス・タイムズ』や『ワシントンポスト』などは、これまでさえ発行部数が減ってきているのに、今後はさらに多くの人々から見放されることになる。

テレビ業界の場合には、さらに悲惨な状況だ。視聴率が極端に下がっているテレビネットワークなどは今後さらに経営が難しくなり、倒産するテレビ局やネットが増えてくる。私の友人たちの話によると、大手の新聞の編集者や経営者、ＣＮＢＣやＡＢＣ、ＣＮＮのキャスターや経営者は仕事を失い、社会から葬られてしまうのではないかと懸念している。しかし一方では、こういった職を失くすジャーナリストはさらに思想的に先鋭化し、反トランプ活動を強化し、社会を不安定なものにする。

こういったアメリカ社会の大動乱とも言える変化は、そのままアメリカの世界における位置を変えることになる。バイデンを選んだのは「強いアメリカをつくる」というトランプ大統領の考え方に異を唱える人々だからである。

バイデンに投票したアメリカの七千数百万の人々は、トランプが主張してきた強いアメリカに反対し、世界におけるアメリカの立場などには関心がない。そしてトランプを支持した七三〇〇万人は、アメリカの力によって世界に関わる、つまりアメリカの力で世界を守るという、これまでのアメリカ外交政策には反対する意思を明確にしている。「アメリカは自らの力で世界における立場を確立するが、アメリカの犠牲によってほかの国々の利益を守ったり、世界の秩序を維持したりするのはまっぴらだ」という考え方である。

いま述べた二つの考え方が、今後の世界に大きな影響を与えることになる。つまりアメリカの力のもとにおける秩序を享受してきた国は、もはやその力に依存することができなくなる。とくに日米安保条約という一方的なアメリカの力に頼って国の安全を保ってきた日本は、世界のどの国よりも大きな影響を受けることになる。

第五部　民主党はトランプの政治力を怖がっている

トランプ支持派の議会侵入事件でマスコミのトランプ批判が勢いづき、トランプ大統領の人気支持率が下がったのは事実だが、ワシントンにおける政治力は依然として強く、一方のジョー・バイデンはいまのところ極めて影が薄い。

こうした現象はアメリカの株価の動向にはっきり表れており、株価はウォール街の専門家が驚くほど上がり続けている。このようなアメリカにとって好ましい状態というのは、トランプの政治力によって可能だと考えられるが、アメリカのマスコミや野党民主党、そして専門家たちはその政治力を壊してしまおうと考えている。

しかしながら、そうした政治的な駆け引きが、アメリカの経済的な繁栄を失わせるだけでなく、国家としてのアメリカの存在と、権威そのものを大きく傷つけてしまうことに気がついていない。いまアメリカで起きている内戦騒ぎは、アメリカの力を消滅させてしまうだけなのである。

アメリカのマスコミと民主党は、議会襲撃事件の首謀者をトランプであると決めつけ、あくまで追い落とそうと躍起になっているが、その行為がやがてアメリカの力を低下させ、経済に打撃を与えることになる。

こうした問題を考えるにあたって、まず現実にアメリカのマスコミが伝えていないところでいったい何が起きているのか。議会襲撃侵入騒ぎが起きる以前、ワシントンではこう言われてきた。

「ウォール街の株価が高いのは、バイデン政治に対する期待ではなく、トランプの政治がいまなおワシントンを動かしているという、政治的な現実を示している」

そうした状況に加えて、ワシントンでは二〇二四年、次の大統領選挙にトランプが再び登場してくるという情報が流れたが、このこともまた、トランプの政治力の根強さを示している。すでに触れたが、アメリカではいったん敗れた大統領が再び登場した前例がある。

一八八五年、アメリカの第二十二代大統領に選ばれたグローバー・クリーブランドは共和党政治が長く続いた後の民主党大統領として期待されたが、事業に有利な高い関税や鉄道への土地の優遇制度、農民や退役軍人に対する補助金に反対するといった革新的な政策が嫌われ、一期四年を務めただけで、一八八九年の再選選挙には落選してしまった。

グローバー・クリーブランド大統領をやぶって第二十三代大統領に就任したベンジャミン・ハリソン大統領は、アメリカ独立戦争で活躍し、第九代大統領になったウィリアム・ヘンリー・ハドソンの曾孫で、正統なイギリス系の家柄を誇りにしていた。だが、名前だけが先行し、莫大な予算を費やした経済政策が非難を受け、再選選挙では再び出馬したクリーブランド大統領に負けてしまった。

トランプ大統領が二〇二四年に再び登場して、当選することになると、この百年以上前の大統領選挙を再現することになる。もっとも二〇二四年はまだ先のことで、常に変わり続けるアメリカの政治のなかで、実際に起きるかどうかは保証のかぎりではない。

二〇二〇年の大統領選挙は、アメリカ中のマスコミを敵としたトランプ大統領の戦いだった。その戦いに敗れはしたものの、アメリカ国民のほぼ半分の支持を集めて、四年後に再び登場してくるという噂について、全米商工会議所の私の友人は次のように述べている。

「トランプは極めて強い大統領だった。最近で言えばレーガン大統領に匹敵する。ブッシュをはじめクリントン、さらには当選を果たせなかった共和党のマケインやロムニーなど足元にも及ばない」

トランプ大統領の政治的な強さは、二〇二〇年の大統領選挙が多くの不正によって捻じ曲げられた結果、バイデンの当選が確定した後も正式な敗北宣言を行わなかったことに表れている。

こうした状況のなかで起きた議会襲撃事件が、トランプ大統領の人気に影響し、政治力に陰りが見られるのは事実だ。その証拠にアメリカ経済人が相次いでトランプ支持をやめ、財政的にも見放している。

政治とは関わりないが、フロリダのトランプのゴルフ場で行われることになっていたアメリカ全米ゴルフ協会のコンペが中止になったり、あるいはトランプの莫大な資産とゴルフ場があるイギリスのスコットランドが、トランプの訪問を断ったりしたことにも人気の低落ぶりが示されている。

しかしながら議会襲撃という出来事だけに目を奪われているアメリカの人々は、トランプを攻撃することによってアメリカの経済的な繁栄にも水を差していることに気がついていない。

この本を書いている二〇二〇年一月末の段階では、トランプが置かれている立場は、古い言葉で言えばまさに四面楚歌、将来の見通しもあまり明るくはない。だがトランプは二〇二〇年十一月三日の選挙で、アメリカのマスコミから大敗北は免れないと言われながら、結局は紙一重の差というところまで攻め上がった。そして、二〇二四年の次の大統領選挙に出馬するのではないか、という噂が絶えない。

すでに述べたように、民主党下院議長のナンシー・ペローシがトランプを弾劾裁判にかけようと躍起になったり、弾劾できなければ退任後に訴追すると言ったりしているのは、徹底的にトランプ大統領を叩き、二度と立ち上がれない打撃を与えたいと思っているからである。

「アメリカは国ではない、現象だ」と言った人がいるが、アメリカの政治は、基本的に予測不能なのである。すでに触れたクリーブランド大統領のように、四年を置いて再び選ばれた大統領もいる。

アメリカでは、徹底的に叩かれ、立ち直れないだろうと思われていた人物が立ち直って再び活躍するようになる例は少なくない。こうした人々は「カムバック・キッド」と呼ばれるが、トランプがそうならないとは誰にも言えないのである。トランプが蘇ってくることを期待しているアメリカ人は、いまも大勢いるのである。

トランプが二〇二四年に再び登場して当選することになると、百年以上前のクリーブランドの大統領選挙を再現することになる。もっとも二〇二四年はまだ先のことで、実際に起きるかどうかは保証のかぎりではない。いずれにせよ、トランプをめぐる動きは世界の政治の常識を遥かに超えてしまっている。

アメリカのマスコミや前オバマ政権の官僚たち、そして民主党勢力が行っているトランプ攻撃は、アメリカの力と繁栄を大きく傷つけている。いまやアメリカでは、国を動かしていかなければならない人々が自分勝手な争いを繰り返し、アメリカの国家としての可能性を大きく傷つけている。

日本はアメリカの同盟国として、その安全と繁栄をアメリカの力に大きく依存しているが、これまで述べてきたようなアメリカ人同士の政治的な戦い、内乱が、アメリカという国の力と安定を傷つけ、日本に予想外の損害を及ぼす危険がある。

日本は第二次大戦に敗れて以来、ほぼ無条件にアメリカの力による庇護を受け、安全と繁栄を図ってきた。しかしながら、いまや世界が大きく変化し、共産主義という非人間的なシステムを推し進めている中国の力が強大となり、しかもコロナウィルス騒ぎが世界経済に重くのしかかっている。そうした状況のなかで、いままでのように、無条件にアメリカに頼るわけにはいかなくなっている。

第六章

新たな日米安保が求められる

カリフォルニアとニューヨークというアメリカ民主党の政治的基盤から、いまや多くの人々が大脱出を図り、フロリダやテキサスに移動を始めている。人々は、この二つの州から家族と家財一式をレンタルトラックに乗せて、国道を南へ、西へ、走り続けている。

「ニューヨークやフロリダのレンタル会社の駐車場がカラになってしまった。全部フロリダやテキサスへ出払ってしまった」レンタルビジネスの人たちがこうぼやいているが、それ以上に影響を受けているのが住宅の値段である。私の知り合いの不動産ディーラーがフロリダのフォートローダデルからニューヨークに戻ってきて、こう言った。

「フロリダの住宅があっという間に二〇パーセントから三〇パーセント高くなってしまっている。プールのついた少しましな家を買おうとすれば一〇〇万ドル単位では足りなくなっている」

テキサスでも住宅の値段が上がり続けているというが、この引越しブームは、より良い暮らし、あるいは生活の変化を求めて、気軽に新しい場所に移動してしまうアメリカ人生来の性格をよく表している。引越しとまではいかないものの、コロナ禍を逃れてカリブ海の島々やハワイへ出かけるアメリカ人も大勢いる。カリブ海で最近、人気のあるセント・マーチン島のリゾートから帰ってきた政治家がこう言った。

「セント・マーチンはいまやホテルやヴィラの建築ブームだ。ホテルに滞在しようと思ったら、短くとも四週間は部屋を予約しなければならないと言われた。カジノは人でいっぱいだったよ」

第一部　中国派のオバマ官僚が戻ってくる

ジョー・バイデンは猛烈なスピードで新しい政権づくりを始めている。二〇二〇年十一月三日、投票が終わるやすぐにバイデンは政権移行委員会を発足させ、ロン・クライン主席補佐官とともに、旧オバマ政権の官僚たちを中心とする閣僚名簿づくりに取りかかった。

バイデン新大統領は、「アメリカ国内に増え続けている所得の低い人々や若者たちのために、新しい民主主義的なアメリカをつくる」と述べ、テレビやネットメディアでもそう言い続けている。

トランプ大統領の積極経済政策のおかげで、全体的に見ればアメリカ経済が拡大しているのは間違いがない。コロナ禍の中にあってもアメリカは依然として、世界で最も強力な経済を誇っている。

しかしながら一方で、その恩恵を受けていないアメリカ人も増えている。所得の格差は明らかに酷くなっている。そうした状況のなかで若者たちは、行きどころのない不満と焦りを抱え込んでいる。

冒頭に述べたように大勢のアメリカ人がニューヨークなど、東海岸の政治や経済の中心地を離れてフロリダやテキサスに脱出しているのは、そうした若者や庶民の不満が背景にあるとも言われているが、奇妙なことにフロリダやテキサスは、トランプ大統領が選挙で大きく勝ち越している州なのである。アメリカの人々が、トランプ景気のつくりだした格差にハラを立てているとすれば、まことに不可思議な現象と言える。

ジョー・バイデンは「格差をつくりだしたトランプから民主主義を取り戻して革命に成功した」と主張しているが、いま閣僚として集めているのは、かつてオバマ政権のもと、外交にも、あるいは内政にも失敗してしまった閣僚たちであることも実に不可思議な現象である。

ジョー・バイデンの言う革命とは本当の意味での革命ではなく、失脚したアンシャン・レジーム、つまり一昔前の政治勢力を生き返らせただけのことだと私は見ている。バイデンの言う革命で蘇ったオバマ政権の官僚たちについて、もう少し詳しく述べてみよう。

バイデンが真っ先に指名したのが、アントニー・ブリンケン国務長官である。ブリンケンは、バイデンが上院議員だった頃、上院外交委員会のスタッフディレクターを務めてバイデンと親しくなり、オバマ政権では国務副長官、バイデン副大統領の安全保障担当補佐官を務めた。

ジョー・バイデンの息子で、いまデラウェア州の検事総長から汚職事件で追及されているハンター・バイデンを連れ、中国やウクライナ政府から饗応を受けたり賄賂を受け取ったりする手助けをした人物である。

バイデンが国防長官に指名したのは、黒人の元陸軍大将ロイド・オースティンである。「私の戦争である」と言ってオバマ大統領が拡大したアフガニスタン戦争の中心になった人物で、退役後は軍事産業の大手レイセオンなど複数の企業で取締役を務めている。

バイデンは、やはりオバマ政権下で国連大使と国家安全担当補佐官を務めたスーザン・ライスを国内政策委員会の委員長に指名した。国土安全保障省長官にキューバ系移民で、オバマ政権下で国土安全保障副長官を務めたアレハンドロ・マヨルカス、財務長官にはオバマ政権時代の連邦準備制度理事会議長ジャネット・イエレン、そしてアメリカのスパイの総元締めとされる国家情報長官には、やはりオバマ政権で国家安全保障担当次席補佐官だったアブリル・ヘインズを指名した。

このように安全保障、外交関係の閣僚は、ほとんどと言っていいほどオバマ時代を動かしてきた人々である。すなわちアメリカの歴史のなかでも、極めつきの失敗をした政策の責任者であった。

とりわけオースティン国防長官はオバマ大統領が「二年で終わらせる」と豪語したアフガニスタン戦争で失敗を繰り返した。

アフガニスタンは、ジョージ・ブッシュが「戦争をするには適していない」として撤収した場所だが、オバマ大統領は、自らの名前を歴史に残すことだけを考えて戦争を拡大した。いまやアフガニスタン戦争は、朝鮮戦争やベトナム戦争よりも不名誉な戦争になりつつある。

スーザン・ライスは安全保障担当の責任者としてシリアでもレバノンでも失敗した。国連大使時代、二〇一二年にリビアで起きたアメリカ領事館襲撃事件の際、「計画的なテロではなく、反米デモが行き過ぎただけ」と嘘の発言をして厳しい批判の的になった。

オバマ政権は、中国に対する甘やかし政策を推し進め、一時は米中大国による国際平和体制などという構想を立てたのも、スーザン・ライスをはじめとする安全保障担当の閣僚たちであった。

オバマ外交の失敗のなかで、いまだに悪影響を残しているのは、対イラン政策である。

イランに現金を贈り、イランの核兵器開発を止めさせようとしたが、当然のことに、この国際的な買収作戦は失敗に終わった。オバマ政権はイランに一〇〇〇億ドルを騙（だま）し取られただけで、核兵器開発をやめさせることはできなかった。

バイデン政権には、このようにあらゆる外交、安全保障政策に失敗したオバマ政権の閣僚たちが戻ってくるが、エネルギー政策や社会福祉政策については、バイデンも独自の人脈による政府づくりを推し進めている。

アメリカの国有地の利用にあたって重要な役割を果たす内務長官には、アメリカの歴史始まって以来、先住民で女性として初めて下院議員になったデブラ・ハーランドを任命している。

また、アメリカが豊かな資源と資金を持っている割にはうまく運用されていない道路や鉄道、交通などを取り仕切る運輸長官には、二〇一六年の大統領選挙戦でリベラル派を率いたバイセクシャルのピート・ブティジェッジ下院議員を任命している。このほかミシガン州知事で太陽光や風力など再生エネルギーの使用を推進しているジェニファー・グランホルムを女性初のエネルギー長官に任命した。

バイデン政権の閣僚たちの顔ぶれを見ると、ジョー・バイデンが大統領選挙戦で熱心に主張していたオールアメリカン、すべてのアメリカ人を集めた強いアメリカ政府づくりを目指していることがわかる。

しかしながら新しいエネルギー長官は、かつてのオバマ大統領が推し進めて失敗した再生エネルギーの推進派である。すでに述べたように、オバマ政権は太陽光発電や風力発電の設備や部品を中国から大量に買いつけ、大きな損害を出した。

グランホルムはミシガン州知事時代、二〇一五年までに再生エネルギーを全体のエネルギーの一割に増やすことを推進し、その後もその比率を引き上げている。新しいエネルギー長官がクリーンエネルギー政策を推進することになれば、オバマ政権の失敗を繰り返す恐れが十分にある。

女性や移民、先住民、バイセクシャル、まさに多種多様なアメリカ人を集めたバイデン政権は、新しいアメリカづくりを目指した斬新な政権と言うこともできる。しかしながら問題なのは、アメリカにとって重要な安全保障担当の閣僚や担当者が、歴史的な失敗を犯したオバマ外交や戦略の責任者であるということだ。

バイデンが先住民やバイセクシャルの政治家を閣僚にするという思い切った手段に出ているのは注目されるが、現実の政治のなかで、経験のないそういった人たちがどこまでアメリカの力を強く、大きくしていくことができるかは疑問である。トランプ政権を上回る強いアメリカづくりを目指すバイデン政権には、大きな試練が待ち構えている。

第二部　バイデンは三十年間眠っていた

ジョー・バイデンがアメリカ民主党の大統領候補になったとき、アメリカのマスコミにはまだ正常な部分が残っていて、ジャーナリストの多くがこう言った。

「ジョー・バイデンは、この三十年間眠り続けてきた」

バイデンは一九七三年からデラウェア州選出の上院議員を務め、一九八八年の大統領選挙の際、民主党候補として出馬したが、イギリスの労働党党首の演説を盗用したことが発覚し、選挙戦から脱退した。その後のジョー・バイデンは上院議員を務めていたものの、政治では二流どころの役割しか果たしてこなかった。

バイデンが民主党の大統領候補として本格的な選挙戦を開始した二〇二〇年一月、アメリカの雑誌『ワシントン・イグザミナー』は、墓場の石の蓋を開けてバイデンが姿を現してくる漫画を掲載した。

『ワシントン・イグザミナー』は基本的には保守系の雑誌だが、トランプ大統領を批判することもあり、中立的な立場をとっている。その『ワシントン・イグザミナー』が、墓場から姿を現すバイデンの漫画を掲載したのは、バイデンが数十年間、まるで墓の下にでもいたかのように、政治活動をせず姿を見せなかったからである。

バイデンは上院議員として選出州のデラウェアや、地元の巨大企業デュポンのために働いたことはあったが、アメリカ政治の場ではこの三十数年、ほとんど何もしていない。そのジョー・バイデンが突然大統領候補に浮上したのであるから、墓場から現れたと揶揄(やゆ)されるのも当然と言えた。

二〇二〇年の大統領選挙にあたって、バイデンが選挙戦に顔を出したことは稀で、実質的にはほとんど選挙活動をしなかった。保守系のメデイアが「ジョー・バイデンは、新型コロナウィルスに感染することを恐れてデラウェア州の自宅に籠もったきりだ」と伝えた程度である。

すでに触れたように、デラウェアはアメリカで最も小さな州の一つで、共和党と民主党が共存し、政治的には落ち着いている。税金のほとんどをデュポンが支払っており、経済的にも安定している。

オバマ大統領から副大統領に指名されるまで、そうしたデラウェア州の上院議員を三十六年間も務めたジョー・バイデンは、アメリカでもっとも目立たない政治家だった。そのバイデンが長い眠りから覚めて民主党の大統領候補に名乗り出たときに有力候補とは見做されなかったのは、当然である。

バイデン候補は、リベラル派の民主党の議員たちが過半数を得られないという状況のおかげで結局、大統領候補になったが、その頃にはアメリカ全土が新型コロナウィルス騒ぎの只中に置かれていた。

バイデンは大統領に就任する二〇二一年には七十九歳、アメリカの歴史始まって以来、最も年を取った大統領になる。十数年前、脳動脈瘤破裂で二度も脳の手術を受けたことがあり、その合併症で長いあいだ苦しんだ。

重い病気を患ったことのある老齢のバイデンは、新型コロナウィルス感染を異常に怖がり人前に出ることもせず、選挙活動をほとんど行わなかったが、当選後、愛犬のシェパード犬を散歩させるために自宅を出た。ところが嬉しがってはしゃいだ犬に引きずられて転倒し、足を折ってしまった。

アメリカ政治史のなかで、バイデンのように選挙戦をまったく行わず、大統領になってしまった政治家はいない。アメリカの新大統領ジョー・バイデンのイメージは、墓場から蘇ったと揶揄されるほど何もしなかった政治家、選挙戦中、ウィルス感染を恐れて自宅に籠り切りという臆病さ、そして犬に引きずられて足を折ってしまったひ弱さしかない。

バイデンが大統領に当選した最大の理由は、アメリカのマスコミが全力をあげて現職のトランプ大統領を批判し、攻撃し続けたからである。もともと保守派の中にすらトランプ大統領の振る舞いに眉をひそめていた人も大勢いた。「トランプ以外であれば誰でも構わない」という票が想像以上に多かったのである。ジョー・バイデンの当選というのは、アメリカ政治において極めて異常な現象であった。

バイデンは二年にわたる大統領選挙戦のあいだ、政策についてほとんど何も明らかにしていない。不法な行動を続けている中国にどう対応するのか、長引いて解決の見通しが立たない中東の戦争をどうするつもりなのか、さらには核兵器開発を止めないイランという、無法国家をどう処理するのか、何の政策も所信も発表していない。

アメリカの人々がとくに不思議に思ったのは、依然としてアメリカに害をなす軍事力を持つロシアとの関わりや、プーチンとの関係についても、何の考え方も明らかにしていないことだった。

バイデンは二〇二〇年十二月十五日、大統領として正式に選ばれたが、そのときに明らかにした政策はただ一つだった。

「アメリカの民主主義を取り戻す」

バイデンが取り戻すと主張している民主主義とは何か、それを取り戻すとはどういう意味なのか。アメリカを長いあいだ見てきた私からすると、驚くべきことにアメリカのテレビネットワークや『ニューヨークタイムズ』は、このバイデンの発言に対して質問すらしなかった。

ジョー・バイデンが取り戻そうという民主主義とは一体何なのか。選挙中にバイデンは何が民主主義なのか、いかなるアメリカをつくろうとしているのか、まったく発言していない。こういった状況になっているのはバイデンの責任であるが、同時にアメリカのマスコミの責任でもある。

バイデンがこうした意味不明の筋が通らない発言を行った時を同じくして『ニューヨークタイムズ』は、名前を明らかにしないアメリカの官僚の発言としてこう伝えている。

「我々はドナルド・トランプがもたらした損害を埋め合わせてもらわなければならない」

この発言もまた意味不明である。アメリカの官僚たちがトランプ大統領から受けた損害というのはいったい何であるか。むろん『ニューヨークタイムズ』をはじめアメリカのマスコミは明らかにしていない。

アメリカの官僚たちがトランプ大統領から受けた損害というのは、失敗した政策について責任を追及され糾弾されたことである。トランプ大統領はアメリカの官僚がオバマ大統領のもとで推し進めた中国に対する政策が間違っており、アメリカに害をなしたと考えている。

トランプ大統領はまた、中東の戦争、イランとの関わり、シリア問題の処理についても、オバマ政権下でアメリカの官僚が行ったことは、アメリカの人々の利益を損なったと断じている。トランプ大統領は、あらゆる外交に失敗したオバマ政権下の官僚たちを、徹底的に無視した。

そうしたトランプ大統領の姿勢を間違っていると断定したのであれば、バイデンは選挙戦中に、そのことをはっきりと主張するべきであった。しかしながら、アメリカの官僚たちの間違いを弁護する理由はどこにも存在しない。バイデンはそのことがわかっているため、外交政策について何も発表しなかったのである。

バイデンは何の政策も発表しないまま、アメリカのマスコミの助けで大統領になり、オバマ派の官僚たちを大勢、バイデン政権に呼び戻すにあたって、その官僚たちのとった政策を正当化しなければならなくなった。

バイデンの「民主主義を取り戻す」という発言は、トランプ大統領の政策はすべて、大統領が官僚たちを無視して独断で進めたもので非民主的であることを示唆するためのものなのである。

バイデンはもともと明確な政治信条や政治哲学を持っていない。マスコミが執拗に繰り広げたトランプ攻撃の追い風を受けて、トランプから大統領の座を奪った。そして今になって「民主主義を取り戻す」などと主張しているが、アメリカのマスコミはこういったバイデンの姿勢をそのまま受け入れてしまっている。

第三部　狂気の米マスコミが日本に危機をもたらす

大統領選挙が行われた二〇二〇年、アメリカのほとんどのマスコミが常軌を逸したトランプ叩きに走った。歴史的に見てもアメリカという国は、こういった半狂乱の状態、つまりヒステリーに陥りやすい国である。

第二次大戦前の日系アメリカ人に対する常軌を逸した攻撃は、真っ当な人間社会のやることではなかった。私がＮＨＫのアメリカ総局の取材責任者だった頃、山崎豊子の『二つの祖国』という小説がＮＨＫの大河ドラマになった。ところが在米日系人社会から「二つの祖国」という考え方がおかしいという非難を受けたため、私は関係者と真正面から話し合うことになってしまった。

一九四一年十二月、日本がハワイの真珠湾を攻撃したことが発端となって太平洋戦争が始まったが、アメリカはそのとき、一二万人にのぼる日系人をカリフォルニア州の砂漠やアリゾナ州の荒地につくった強制収容所に押し込み、私有財産をすべて没収した。

日本が行った宣戦布告前の真珠湾攻撃がアメリカの国民に大きな衝撃を与え、人々の怒りを掻き立てたことは事実だが、アメリカ国籍を持つ日系人を収容所に追い立てたことは、どう見ても国際法に違反する行為だった。

しかしながら当時のルーズベルト政権による政治的な宣伝が非常にうまかったことや、日系人に反感を抱いていた西海岸の新聞などが、日系人を誹謗中傷する記事で反日感情を煽ったことなどから、日系人に対する厳しい制裁措置を批判する者は誰もいなかった。

山崎豊子の『二つの祖国』という小説は、戦争によって日本とアメリカという二つの祖国の間で自らのアイデンティティーを求めて苦しむ日系青年の苦しみを描いているが、すでに述べたように「二つの祖国」はあり得ないという全米日系市民協会からの批判を受けてＮＨＫの大河ドラマは「山河燃ゆ」とタイトルを変更して放映された。

日系人に対するアメリカあげての攻撃はまさに、二〇二〇年の大統領選挙の際、アメリカのマスコミがトランプに対して加えた、常軌を逸したヒステリックな攻撃と同じである。

アメリカのマスコミは選挙戦のあいだ、執拗にトランプ批判を繰り広げた。ハーバード大学のマスコミ研究所が「新聞やネットワークの報道の九〇パーセントがトランプ批判である」という調査結果を出したほどである。

こうしたマスコミのトランプ批判に洗脳されたアメリカ国民の半分がマスコミの言うまま反トランプの票を投じたが、マスコミのヒステリックな言動に反発する人も多く、残りの半分がトランプを支持した。

この状況は、選挙の投票総数の結果を見れば明らかである。ほぼ一億五〇〇〇万の有権者が投票したなかで、ジョー・バイデンの得票数は七六〇〇万、トランプの得票数が七三〇〇万で、その差は驚くほど少なかった。

この結果については、与党共和党員のほぼ七割が不正な選挙によるものだと考え、民主党が選挙で不正を行ったと信じている。今回の大統領選挙は、まさにアメリカを真っ二つに割ってしまったのである。

トランプ側は選挙の不正を訴えるキャンペーンを繰り広げたが、「証拠がない」として最高裁までが否定的な立場を明確にしたため、ジョー・バイデンの当選が確定の運びとなった。

選挙の不正を訴えるトランプに対してアメリカのマスコミは、再び激しい攻撃を浴びせ、国民のあいだにも「トランプは潔く敗北を認めるべきだ」という声が広がった。首都ワシントンに近い高速道路上に「サレンダー・トランプ!」、降参せよトランプという大きな看板が掛けられたりした。マスコミのヒステリックなトランプ批判という毒ガスは、選挙後もアメリカ中に充満し、人々を中毒させ続けたのである。

マスコミの昼夜を分かたない熱心な宣伝工作によって、バイデンを大統領に選ぶムードがアメリカという国の隅々まで広がったが、すでに述べたようにほぼ半数のアメリカ国民は、トランプを選んだ。議会選挙でも共和党は議席を増やしている。また知事や地方議会でも共和党は政治勢力を大きく伸ばしている。
大統領選挙に話を戻すと、これまでの実例を見ても選挙がルールに従って公正な戦いが行われてきたとは言い難い。例えば一九六〇年、ジョセフ・ケネディが当選したとき、ケネディ派であったシカゴのデイリー市長が大がかりな不正を行い、選挙の結果を政治力で覆したことがあった。

このときの選挙は、共和党の人気者であったアイゼンハワー大統領を継ぐかたちで副大統領だったリチャード・ニクソン共和党候補が優勢であると伝えられていたが、シカゴのデイリー市長が不正投票を集めてイリノイ州の選挙を覆し、ジョセフ・ケネディに勝ちをもたらした。

このとき不正な投票に気がついたアメリカの指導者たちは、ニクソンに対して選挙のやり直しなどを主張するよう申し入れたが、ニクソンはアメリカの政治の仕組みそのものを覆すことになるとして、選挙の結果を受け入れた。

そしてそのあと、ケネディ大統領は暗殺され、副大統領であったリンドン・ジョンソンが後をつぎ、一九六四年の大統領選挙に出馬した。このときジョンソン陣営が地元のテキサス州で、死亡した人々の名前を使って大量の不正投票を行い、テキサスの選挙人を確保してジョンソンを当選させた。不正が行われたことは地元の人々の証言によって明らかだったが、結局うやむやにされてしまった。

その後の大統領選挙でもあちこちで、不正な投票があったという噂や情報が流れた。二〇〇八年の大統領選挙の際には、私も選挙戦を各地で取材したが、オバマ陣営は黒人を集めてバスで投票所へ送り込んだ。それも同じ人たちをいくつかの投票所に送り、何度も投票させているという話を耳にした。

トランプ大統領が不正選挙の標本として主張している「ハーベスト」が行われたのも、オバマキャンペーンのときだった。ハーベストとは秋の獲り入れのことである。黒人たちや労働組合員に配られる投票用紙をボスが刈り集め、勝手に投票するのである。投票用紙を集めて、勝手に投票してしまうという、まさに投票の不正収穫作戦である。

こういった不正投票は、労働組合など組織票に依存する民主党陣営が行うことが多い。一九七六年、清廉な政治家として知られるジミー・カーターが出馬した選挙の際にも行われたといわれるが、結局は大きな問題にはならなかった。

アメリカの大統領選挙は地方の州が主体となって実施される。選挙そのものは、それぞれの州のカウンティーやシティーが行う。つまり、郡や市が選挙という政治活動に対する究極的な権限を持っているのである。

雑駁（ざっぱく）な言い方をすれば、アメリカの選挙というのはそれぞれの州の自治体が勝手に行うのであり、連邦政府や最高裁が規制することはできないと考えられている。アメリカの正式な名称は、「ユナイテッド・ステーツ・オブ・アメリカ」である。州の集合体であり、州が強力な力を持っている。他の機関が規制したり監督したりすることはできない。

二〇二〇年の大統領選挙で、トランプ大統領が不正な選挙について訴えた際に、最高裁のとった姿勢も、いま述べたアメリカ政治の大原則に基づいている。アメリカ政治の現実を見ると、選挙の際の不正投票を正式に糾弾することは、極めて難しい。

二〇二〇年の大統領選挙をめぐってアメリカのマスコミは一方的にバイデンに肩入れし、偏った報道を展開したが、そうしたマスコミの行動を批判したり、規制したりすることも難しい。アメリカでは「言論の自由」が憲法修正第一条になっている。マスコミが狂気じみた報道をしても規制することは不可能なのである。

二〇二〇年の大統領選挙戦の狂乱、そしてジョー・バイデンの当選というのは、世界の常識に従えば、現実には起きえなかったことである。そういった現実には起こりえないことが起きてしまった。つまりバイデンの当選は、現実とかけ離れたアメリカ政治が作り出した幻のようなものである。

第四部　中国の政治資金がバイデン派を乗っ取る

日本、アメリカ、中国というアジアにおける三つの重要な国々の関係を考えるにあたって留意すべきは、アメリカの人々がいま何を考えているかという問題である。もっとはっきり言えば、アメリカのどういう人々がジョー・バイデンを支持したのか、そして二つに分かれたアメリカで、誰がジョー・バイデンを支持しているのか、という問題である。

アメリカの今度の大統領選挙が、アメリカ国民を真っ二つに割ってしまったことは、世界中に知れ渡っている。これまでもよく言われているように、ジョー・バイデンを支持したアメリカの国民は、合わせて五一・四パーセント、トランプ大統領を支持した人は四六・九パーセントだった。そして、すでに触れたが、投票に出掛けたほぼ一億五〇〇〇万人のうち、七六〇〇万人ほどがジョー・バイデンに投票し、三〇〇〜四〇〇万少ない七三〇〇万あまりの人々がトランプ大統領に投票した。

アメリカの政治を長く見ている私からすると、二〇二〇年の大統領選挙の大きな立役者はアメリカのマスコミと言えると思う。アメリカのマスコミは総力をあげてジョー・バイデンを応援し、トランプを非難し続けた。

その理由についてはは多くのことが言われており、単純に結論を言うのは難しいが、一般に言われている情報を総合すると、マスコミに膨大な資金を提供したのが、シリコンバレーの先端企業やインターネットメディア、そしてハリウッドだった。

そういった企業の背景に存在し、資金を提供したのが、中国ないし中国に近い企業や資本家たちだった。もっとも、その内容については無論、秘密のベールに包まれている。

しかしながら、実際に金銭の流れや人の動きを見ると、今度の大統領選挙で最も大きな力を振るったのが、アメリカのマスコミであったのは間違いがない。アメリカのマスコミが使った戦術は、アメリカの冷戦時代からの敵であるロシアがアメリカのエリート官僚、ヒラリー・クリントンやアメリカ軍部関係者の勢力拡大を恐れて、トランプを助けたと非難し、トランプをロシアの手先であると決めつけることだった。

アメリカのマスコミは、アメリカの外交戦略を失敗させてきたオバマ派の官僚たちの立場を守ろうと考え、その官僚やエリートに反発するトランプ政権を攻撃したのである。

この問題を深く掘り下げるには、まだ時間が必要だと思われるが、基本的にはアメリカのCIAやFBI、司法省や国土安全保障省といったアメリカの安全を司る官僚たちが、これまで自分たちが行ってきた外交戦略の失敗を覆い隠すために、トランプを攻撃し、アメリカのマスコミが全力をあげてそれに協力した、というのが基本的な図式である。問題なのは、そういった動きに誰が乗ったのか、ということである。

アメリカの政治の動き、世論の動きを調べてみると、今度の大統領選挙でもっともはっきりとバイデン、ハリス陣営を支持した勢力は、アフリカ系アメリカ人、つまりアメリカの黒人男女で、実に九三パーセント、ほとんど全員がジョー・バイデンを支持した。

そして二番目は、「ミレニアム・ウィメン」と呼ばれている西暦二〇〇〇年生まれの女性たちで、その七一パーセントがジョー・バイデンに投票している。トランプに投票したのは二六パーセントだった。

三番目は独身の女性たちで、その六六パーセントがジョー・バイデンに投票し、トランプに投票したのは半分以下、三二パーセントだった。そして四番目に多いのが、大学卒の学歴を持つ女性たちで、六四パーセントがジョー・バイデンに投票している。ヒスパニック系の人々や白人で大学教育を受けた人はバイデン陣営、トランプ陣営ほぼ半分ずつとなっている。

つまり、いま挙げたアフリカ系アメリカ人のほとんどすべて、西暦二〇〇〇年生まれの女性たち、結婚をしない女性たちや大学出の女性たちのほぼ三分の二以上がジョー・バイデンに投票している。こういった人々が、アメリカマスコミの長期間にわたる極めて一方的な報道に強く影響を受け、バイデン陣営に投票した、ということができる。

アメリカの政治評論家やマスコミは、そういった見方はしておらず、アメリカの働く若者たちや、大学へ行っていない人たち、さらには新しい移民の人たちがアメリカという社会に反抗し、トランプに投票せずバイデンに投票したとしており、働くアメリカ白人の革命がバイデン政権を成立させた、と主張している。

しかしながら、働く白人たち、高校を出たアメリカの白人たちの六八パーセントはトランプに投票しており、農村で働くアメリカの白人たちの六五パーセントもトランプに投票している。そして、いわゆるキャリアウーマンといわれる、インテリではない働く女性の中心になっている人たち五六パーセントもトランプに投票している。

今度のアメリカ大統領選挙の結果について、それぞれの立場の人々がそれぞれの意見を主張している。しかしながら、いま述べたデータで明らかなことは、黒人や二十歳前後の若い女性、そして結婚していない女性たちが、アメリカマスコミの熾烈なトランプ攻撃のなかで、トランプ批判に走り、ジョー・バイデン政権を設立させたと言える。

こういったデータを見てみると、アメリカのマスコミやインターネット・メディアがジョー・バイデンの息子、ハンター・バイデンのスキャンダラスな動きについて、報道することをいっさい拒否したことも納得がいく。

いま述べたデータが明らかにしているのは、ジョー・バイデンを支持している勢力というのが、ある意味、極めて感情的であり、マスコミの動きに左右されているということである。

つまりジョー・バイデンの政策と政治というのは、基本的な政治信条やモラルによって動かされているのではなく、いわば場当たり、目先の感情に左右されがちな人々によって成り立っていると言える。

こういったことは今後、バイデン政権に対して、どのような政策をとるべきか、あるいは立場をとるべきか、決めるうえでの大きな目安になるはずである。そういったなかで、注意すべきは、人種問題である。

基本的にアメリカという国にはかつて奴隷制度が存在し、アフリカ黒人が虐げられてきた。そのうえ現在のアメリカは、成長期とは異なり、新しい移民を受け入れ難くなっているのも事実である。

そういった黒人や新しい移民たちが、ジョー・バイデンという政治勢力を支持し、新しい体制を築こうとしたのも間違いがないところである。したがってジョー・バイデンを支持した勢力が、一時的な感情に動かされたと断言することはできない。

しかしながら、アメリカという国家の社会体制を考えれば、今度のジョー・バイデン政権というのは、アメリカの一時的な現象を表してはいるものの、社会全体を変えてしまうものだ、と考えるのは行き過ぎであると思う。

今度の大統領選挙でアメリカ国民の支持が真っ二つに分かれ、社会の秩序を強く主張し、しかも警察官僚と体制を支援し続けたトランプ政権がほぼ半数のアメリカ人の支持を得たこと、そして働く白人の多くや、地方、農村地帯の人々の支援を強く得たということについては、正しく評価する必要がある。

第五部　日本は新しい政治を必要としている

アメリカとの同盟体制が長く、しかも安全をすべてアメリカに頼ってきた。これが日本の現実であり、世界の多くの人々はアメリカが日本のただ一つの同盟国であると信じている。

私はこれまで長いあいだ安全保障の問題を取材し、ヨーロッパ各国を訪問して軍事情勢について探ってきた。そうしたなかでイギリス、フランス、ドイツなどヨーロッパの国々の軍事専門家から言われることは決まっていた。

「日本は世界に同盟国を持っていない。アメリカだけを頼りにしている」

イギリス海軍のミサイル原子力潜水艦を取材した際、イギリス海軍の首脳にこう言われたこともある。

「我々はアメリカの核戦力に頼っている。しかし、我々の同盟国はアメリカだけではなく、NATOもあればイギリス連邦もある。その点、日本はアメリカの同盟国というだけの立場しかないのではないか」

この現実を、日本の人々は、総理大臣から国民一人ひとりに至るまで直視してこなかった。このことは逆に言えば、日本という国がアメリカとどういう関係にあるかについても、真剣に考えてこなかったということである。

私がこれまでの著書の中で何度も指摘しているように、アメリカはサンフランシスコ平和条約のあとも、外交および軍事問題については、日本を保護者的な姿勢で扱っている。対等だとはまったく考えていなかった。このことは、「サンフランシスコ平和条約が成立したあとも、占領軍としての立場は変わっていない」という国防総省からマッカーサー司令部への電報が証明している。日本という国は第二次大戦に敗れて以来、国家として存在していないとも言える。

国家にとって最も重要なのは、軍事力で自らの独立と安全を維持することであり、外交によって、その状況をうまく運用することだ。この二つを抜きにすれば、経済、金融、財政、税制などは国の安全に関わるとはいえ、軍事、外交とはまったく異なっている。

軍事・外交上からすると、国の利益を守るために若者たちが現実に犠牲になることが前提になるが、同時に、国の指導者も国家に命を捧げることになる。ところが軍事、外交にまったく関わりがない政治家というのは、命をかけて仕事をするわけではない。

アメリカやヨーロッパの国々に比べると日本には、ともかく汚職や買収など金銭がからむ腐敗した政治家が多い。これは政治的な生命をかけて国のために戦うという立場にいないからである。そしてこのことは、日本の安全保障全体についての関心のなさにもつながってくる。

ロシア、かつてのソビエトが、日本と領土の問題を含めて、まったく話し合いをする態度を示さなかったのは、日本が軍事外交の面で独自の存在ではないことを知っていたからである。このことに気づいていた日本の戦前生まれの政治家たちは、ロシアとの交渉はアメリカとはまったく異質のものであり、立場が違っていることをよく認識していた。

一九五四年、戦後生まれの安倍首相は、アメリカとはうまく外交交渉を進め、トランプを上手く巻き込んでアジアの安全保障政策を確立したが、ロシアとの関係をまったく改善できなかった。

安倍首相は国際社会のルールというものを理解していない。プーチンとダーチャでウォッカを飲み、領土問題を話し合うなどというのは、日米安保条約下における日本の首相のやることではない。

こういった国際ルールに対する理解のなさは、ほかの多くの日本の政治家に共通するものである。私が至極まっとうだと考えている政治家ですら「核兵器は使えない兵器だ」と主張していることに、その一端が表れている。

政治家は国を守るためには犯罪を含めてあらゆることを行うのが原則である。しかも戦争に敗れた場合には、相手の国から戦争犯罪者としての扱いを受ける。日本の真の指導者だと私が評価する岸信介首相はこの点をはっきりと認識しており、取材などで話をした際にも、アメリカから受けた「戦犯」という立場には誇りさえ持っているようであった。

「核兵器は使えない兵器」という考え方は、国際社会における国家の責任者としての立場を見失っていると言わざるをえない。日本は原子爆弾を投下され、地獄のような惨(むご)たらしい被害に遭った。そのために核兵器を使えない兵器であると決めつけ、「使えない核兵器を持つ必要はない」と主張する人が多い。だが、それは国家の存続に責任のない立場の人たちの考えであるべきだ。

このように私が主張するのは、独立国家を存続させるために、国家を運営する政治家は、あらゆる論理と倫理を越えて国家の安全を図らなければならないということである。つまり、国家が敵に占領され、国土を蹂躙(じゅうりん)されることになれば、国家そのものが存在しなくなる。

いま日本と、そして日本の指導者にとって最小限必要とされるのは、国の安全と独立を保つためにあらゆる努力を投入することである。これまでの第二次大戦後の日本の政治家は、その「あらゆる努力」を怠（おこた）り、アメリカの保護を受けて存在しているに過ぎないという現実を認識してこなかった。

「核兵器は使えない兵器」などと言う政治家に、国家のことを論ずる資格はない。だが、いまや日本の国家についての基本的な状況が変わった。その最大の理由は、日本の安全を保ってきたアメリカが、ジョー・バイデンとその支持者によって動かされるようになったからである。

この本の中で私が指摘してきたように、アメリカの人々は冷戦が終わって三十年、世界と国家について新しい考えを持つに至っている。というよりも、まったく違った考え方をするアメリカ人が多くなっている。その人々が投票という権利を行使して、自分たちの考えに沿う大統領としてジョー・バイデンを選んだ。

ドナルド・トランプからジョー・バイデンへというアメリカの政治的変化というのは、日本人は気がついていないが、非常に大きい。ドナルド・トランプは強いアメリカを標（ひょう）

榜し、「強いアメリカとともに戦う同盟国を助ける」と主張してきた。しかも、助けるに値する同盟国は、自らの努力をしなければならない。これに対してジョー・バイデンは、世界のことはまったく関わりがない。「アメリカはアメリカのことだけを考える」と言う人々によって大統領の座についた。この差は、極めて大きい。

安保タダ乗り論ではないが、アメリカはアメリカの力で世界の安全を図り、日本やヨーロッパの同盟国を守ってきた。しかしその条件は、同じような努力をすることだ、というトランプの姿勢と表現の仕方に対して、弱い立場であるヨーロッパの同盟国は反発し、トランプ嫌いになった。

しかしながらジョー・バイデンのアメリカは、ドナルド・トランプのアメリカよりも遥かに扱いにくいものになる。つまり、豊かで金持ちであるアメリカが世界のことなどまったく関わりがないと主張し、自分たちの利益のためだけに動くと言っているのである。そしてジョー・バイデンを選んだアメリカの人々はそういった、自分たちのことだけに関心のあるアメリカの人々である。

ここに至って結論は明確である。日本はいまや同盟国としてアメリカの庇護を受けることができない。自らの手で守る以外に、安全を維持する方法はない。軍事力の強化とか、核兵器の保有などをいまさら主張するのも遅きに失してしまった。

日本の安全を守るためには、あらゆる努力をする必要があり、その努力をしなければ、日本という国家が併合され、壊滅してしまうのである。日本はアメリカの庇護を離れて真の独立を図らなければならない。独立し、独自の安全保障体制を持ち、強い指導者を持つ以外に、国家として存続することができない時代に入りつつある。

日本の人々にとって自らの国を守るために努力するべきことのなかで最も難しいのは、核兵器を持つことでもなく、自衛隊を陸軍、空軍、海軍にすることでもない。日本の安全を自らの手で維持し、他国に併合、占領させないという固い意思を持つ指導者、政治家をいかにつくりだすか、ということである。

「核兵器は使えない兵器である。あるいは国連を大事にする」という政治家の時代は、すでに終わったのである。

あとがき

アメリカが失くしたのは民主主義ではない。アメリカと世界を守ろうという意思を失くしてしまった。この本の中では、この問題について繰り返し述べた。

六十年もアメリカの政治を継続して見ている私からしても、アメリカはどう変わるのかまったく予測がつかない国である。

アメリカの人々が民主主義の牙城として誇りに思ってきたアメリカ連邦議会が、暴徒に襲撃された。アメリカの歴史始まって以来とアメリカのマスコミや専門家は強調しているが、アメリカでは政治がらみの破壊行為は繰り返し起きている。

就任祝いに住民を呼び集めて乱痴気騒ぎをやり、ホワイトハウスをめちゃめちゃにした大統領もいた。それ以前の一八一四年、ワシントンはイギリス軍の手で焼き払われホワイトハウスは灰燼(かいじん)に帰した。

いまアメリカの人々が本当の意味で驚き、反省しなければならないのは、ジョー・バイデンというまったく実績もないうえ、見識もあると思えない政治家を大統領にしたことである。バイデン政権のもとでアメリカは、基本的な精神を失ってしまう。

アメリカという国は戦うことを基本にしている。最も重要な言論の自由を定めた憲法修正第一条を維持するために、憲法修正第二条で、自らが兵器を購入し、言論の自由を守らなければならないとしている。

しかしジョー・バイデンはまったく選挙戦を戦わず、人々の協力と資金に頼り、過半数をわずかに超える支持を得て大統領に就任した。まさにアメリカ始まって以来の出来事で、アメリカ人が驚かねばならないことである。

アメリカのマスコミや専門家、官僚たちは、トランプ大統領が独裁的なやり方で物事を決めると批判したが、結果的に好景気をもたらし、世界に脅威を与える中国に対して厳しい政策を実施することに成功している。

しかしながらアメリカのマスコミや官僚、専門家たちは言論の自由を掲げてトランプ大統領のやり方だけを批判し、その結果がどのようなアメリカをつくりだすかについては考えようともしていない。

アメリカ議会に対する暴徒の侵入を、「民主主義の破壊」という一言で収まりをつけようとしているアメリカの将来を憂えざるをえない。

日高義樹

日高義樹（ひだか・よしき）

1935年、名古屋市生まれ。東京大学英文学科卒業。1959年、NHKに入局。ワシントン特派員を皮切りに、ニューヨーク支局長、ワシントン支局長を歴任。その後NHKエンタープライズ・アメリカ代表を経て、理事待遇アメリカ総局長。審議委員を最後に、1992年退職。その後、ハーバード大学客員教授、ケネディスクール・タウブマン・センター諮問委員、ハドソン研究所首席研究員として、日米関係の将来に関する調査・研究の責任者を務める。著書に、『世界ウィルス戦争の真実』（徳間書店）、『アメリカは中国を破産させる』（悟空出版）、『米中時代の終焉』（ＰＨＰ研究所）、『トランプが勝つ——習王朝崩壊へ』（かや書房）など多数。

バイデン大混乱——日本の戦略は

2021年2月23日　第1刷発行

著　者　日高義樹 © Yoshiki Hidaka 2021

発行人　岩尾悟志

発行所　株式会社かや書房

〒162-0805

東京都新宿区矢来町113　神楽坂升本ビル３Ｆ

電話　03-5225-3732（営業部）

印刷・製本　中央精版印刷株式会社

Printed in Japan

ISBN978-4-910364-05-6 C0031